CABEÇA BRANCA

CB035842

Allan de Abreu

CABEÇA BRANCA

A caçada ao maior narcotraficante do Brasil

4ª edição

EDITORA RECORD
RIO DE JANEIRO • SÃO PAULO

2025

CIP-BRASIL. CATALOGAÇÃO NA PUBLICAÇÃO
SINDICATO NACIONAL DOS EDITORES DE LIVROS, RJ

A145c
Abreu, Allan de
  Cabeça Branca : a caçada ao maior narcotraficante do Brasil /Allan de Abreu. - 4. ed. - Rio de Janeiro : Record, 2025.
  ISBN 978-85-01-11922-3

  1. Cabeça Branca (Rocha, Luiz Carlos da), 1959- . 2. Tráfico de drogas - Brasil. 3. Narcotraficantes - Brasil. 4. Reportagens investigativas. I. Título.

20-67789

CDD: 070.449363450981
CDU: 070:343.575(81)

Meri Gleice Rodrigues de Souza – Bibliotecária – CRB-7/6439

Copyright © Allan de Abreu, 2021

Tradução do prefácio: Alessandra Bonrruquer

Todos os direitos reservados. Proibida a reprodução, armazenamento ou transmissão de partes deste livro, através de quaisquer meios, sem prévia autorização por escrito.

Texto revisado segundo o novo Acordo Ortográfico da Língua Portuguesa.

Direitos exclusivos desta edição reservados pela
EDITORA RECORD LTDA.
Rua Argentina, 171 – Rio de Janeiro, RJ – 20921-380 –
Tel.: (21) 2585-2000.

Impresso no Brasil

ISBN 978-85-01-11922-3

Seja um leitor preferencial Record.
Cadastre-se em www.record.com.br
e receba informações sobre nossos
lançamentos e nossas promoções.

Atendimento e venda direta ao leitor:
sac@record.com.br

Para Eduardo e Simone

"[...] Não resolvemos ainda o problema da magia da cor branca nem descobrimos por que razão ela atrai a alma com tal força, e, o que é ainda mais estranho e prodigioso, por que razão é ao mesmo tempo o símbolo das coisas espirituais, o verdadeiro véu da divindade cristã, e contudo é o agente que dá maior relevo às coisas que mais atemorizam a humanidade"

Herman Melville, Moby Dick

Sumário

Prefácio, por Misha Glenny	11
Introdução: O fantasma	17
1. "Eu como a cabeça dele"	25
2. Café com uísque	39
3. Gato e rato	53
4. Reis da fronteira	73
5. Buchos recheados	97
6. Narcopolítica	115
7. Consórcio da morte	127
8. Flak	145
9. Capitão Ahab	161
10. Duas fotos na parede	179
Epílogo: Atrás das grades	199
Agradecimentos	205
Notas	207
Bibliografia	213
Índice	215

Prefácio

Quando comecei a viajar para o Brasil, há uns quinze anos, sempre ficava surpreso com a maneira como os grandes veículos de mídia, particularmente *O Globo*, mostravam-se relutantes em chamar as facções do tráfico em São Paulo, no Rio de Janeiro e em outros lugares por seus nomes reais. Em artigos acadêmicos e relatórios policiais, Primeiro Comando da Capital (PCC), Comando Vermelho (CV), Terceiro Comando Puro (TCP) e Amigos dos Amigos (ADA) eram identificados sem reservas. Mas, nos grandes veículos de mídia, claramente houvera a decisão editorial de ocultar a identificação dessas organizações. Pelo que entendi, isso era feito a fim de não glamorizá-las. Não é trabalho da mídia fazer julgamentos sobre quais eventos glamorizam pessoas ou organizações. O trabalho da mídia é relatar.

Além disso, a falha em mencionar essas organizações e examinar como são estruturadas, em investigar como funcionam e avaliar como impactam a sociedade é um abandono do dever jornalístico. Em vez disso, ao fingir que não há algo que todo mundo sabe que existe, os jornalistas encorajam rumores e mitos que, ironicamente, podem contribuir para glamorizar as facções.

Independentemente do que se possa pensar sobre a moralidade das facções de drogas, elas desempenham papel central em questões vitais, como segurança e bem-estar pessoal, na maioria das cidades brasileiras. Para aqueles que vivem nas ou perto das favelas do Rio, por exemplo, saber que facção controla qual área pode ser uma questão de vida ou morte.

Esses grupos são poderosos atores econômicos e sociais. Como sabemos, muitas vezes estão fortemente armados. Assim, representam tanto um desafio para o Estado brasileiro quanto um reflexo da falha de sucessivos governos em fornecer segurança pública adequada a seus cidadãos.

Se você mora em uma área que está sob controle e influência de uma dessas facções, PCC, CV ou TCP não fazem parte de um jogo alfabético; eles são os oficiais que policiam a economia e a segurança do lugar onde você vive. Nesse caso, é dever da mídia documentar a história, a política, as atividades econômicas e os métodos dessas facções e a maneira como interagem com outros brasileiros.

Alguns podem estar sob a ilusão de que os cartéis operam somente no interior das favelas e, consequentemente, não mantêm um relacionamento com outras áreas ou classes no Brasil. Nada poderia estar mais longe da verdade. O excessivo poder de organizações como PCC ou CV advém do fato de que, desde o início da década de 1980, dezenas, se não centenas de milhares de cariocas e paulistas de todos os backgrounds sociais gostam de gastar parte de seu dinheiro com cocaína.

O negócio é tão grande que Reino Unido, Itália, Holanda e França agora incluem a receita advinda da venda ilegal de drogas em seu produto interno bruto (PIB) oficial. Não consigo pensar em nada que testemunhe tão diretamente a importância desse comércio. Na Grã-Bretanha, as vendas de cocaína, heroína, maconha, ecstasy, cetamina, fentanil, alprazolam e outras aumentam o PIB em mais de 5 bilhões de libras. Jamais encontrei um número comparável para o Brasil, mas estou confiante de que o tráfico representa um setor significativo da economia.

CABEÇA BRANCA

Ainda há muito a aprender sobre as redes criminosas que desempenham papel tão proeminente na vida dos brasileiros, mas escritores, jornalistas, cinegrafistas, acadêmicos e ativistas começaram a produzir obras surpreendentemente boas para compensar a vagarosa resposta das grandes empresas de mídia.

A mudança provavelmente começou com o lançamento do documentário do cineasta João Moreira Salles, *Notícias de uma guerra particular* (1999), que revelou pela primeira vez a realidade da vida cotidiana e das tensões de um dono do morro; nesse caso, Marcinho VP, do Santa Marta, em Botafogo. Em 2004, seguiu-se o livro *Abusado*, de Caco Barcellos, que detalhava a vida do mesmo homem. Desde então, os editores brasileiros investiram consideravelmente nesse setor. A ficção se provou um rico território, começando com obras como *Cidade de Deus*, de 2003. O romance de Paulo Lins é particularmente importante, porque o filme homônimo de Fernando Meirelles percorreu um longo caminho para combater a imagem estereotipada do Brasil no restante do mundo. Então vieram *Elite da Tropa*, de Luiz Eduardo Soares e, mais recentemente, os romances de Patrícia Melo e os contos de Geovani Martins reunidos em *O sol na cabeça*.

Mas, nos últimos dois anos, dois escritores sérios se destacaram no campo da não ficção: Camila Nunes Dias e Bruno Paes Manso, responsáveis por uma magistral visão geral do PCC. E então há Allan de Abreu, cuja pesquisa meticulosa expôs a complexidade da rota caipira, a elaborada rede de rotas que se estende da Bolívia e do Paraguai até Minas Gerais e São Paulo e está no âmago do comércio de cocaína no Brasil.

A lição importante que aprendemos com *Cocaína: a rota caipira* e agora com sua sequência, *Cabeça Branca*, é que a parte mais lucrativa do comércio de cocaína está a centenas, senão milhares de quilômetros de distância das favelas de Fortaleza, Natal, Maceió, Rio de Janeiro ou São Paulo. As pessoas que realmente ganham dinheiro não são os bandidos das favelas. São personagens como Leonardo Dias Mendonça, um respeitável empreendedor de classe média que usou sua empresa de transporte agrícola para encobrir a venda de cocaína no atacado. Ele transportou toneladas da droga da Bolívia para o corrupto regime governamental de Dési Bouterse, no Suriname. Para fazer isso, corrompeu policiais, políticos e alguns empresários. Ele está tão distante quanto possível de um adolescente do Comando Vermelho carregando uma arma em uma favela do Rio.

A diferença entre esses dois tipos de criminosos é significativa. A maior parte das facções nas favelas vende no varejo. Elas são o elo final da corrente, ganhando dinheiro ao vender para os locais. Quando chegamos a esse estágio, a maior parte do lucro já foi retirada — pelos cartéis colombianos, pelos políticos e policiais dos dois lados da fronteira Brasil—Paraguai e pelos atacadistas. Os lucros de Antônio Bonfim Lopes, o Nem da Rocinha, sobre quem escrevi no livro *O dono do morro*, são insignificantes quando comparados aos lucros de alguém como Leonardo Mendonça. Ocasionalmente, é claro, encontramos figuras notáveis como Fernandinho Beira-Mar, que lucram com os dois lados da indústria.

Mas não vamos nos esquecer de Luiz Carlos da Rocha, o Cabeça Branca, tema deste livro. O autor afirma que Rocha transportou mais cocaína para dentro e para fora do Brasil que qualquer outra pessoa; ele é uma espécie de rei dos traficantes. E, mesmo assim, poucas pessoas já ouviram falar dele ou de seus feitos. Para além das necessárias ligações com Paraguai, Bolívia e Colômbia, suas conexões internacionais se estendem aos cartéis do México, à máfia russa, ao crime organizado sérvio (incluindo o notório clã Šarić, mas essa é uma história para outro dia) e à 'Ndrangheta, da Calábria, na Itália.

Confesso que, antes de ler o manuscrito de Allan de Abreu, eu sabia muito pouco sobre o Cabeça Branca. E é exatamente assim que Rocha quer que seja. Não é por acaso que policiais, investigadores fiscais e jornalistas se referem a ele como O Fantasma. Mas aquilo que se pode saber Abreu revela nesta curta e impactante narrativa. Fiquei especialmente fascinado ao descobrir como o contrabando

CABEÇA BRANCA

de cocaína emergiu, quase organicamente, do contrabando inicial de café e uísque entre o Paraguai e o Brasil, no qual o pai de Rocha estava envolvido. Quando o Brasil começou a baixar as punitivas taxas de exportação sobre o café e as igualmente altas taxas de importação sobre o uísque, a transição para a cocaína como mercadoria principal fluindo entre os dois países foi suave. Abreu captura belamente a zona cinzenta da vida na fronteira Brasil—Paraguai.

Mas igualmente impressionante é a complexidade da estrutura empresarial que Cabeça Branca criou a fim de assegurar o bom andamento de seus negócios. Lavar dinheiro, claro, tem importância primária (e talvez não seja coincidência o fato de Rocha fazer negócios com associados de Alberto Youssef, o notório doleiro que foi tão importante durante a Lava Jato). Mas talvez mais reveladora seja a rede de exportadoras que transportam o produto de Santos para os portos da Europa. Fazendo parte da indústria atacadista de alimentos (carcaças de boi são surpreendentemente úteis), na superfície seus proprietários e agentes são cidadãos cumpridores da lei cujas realizações são celebradas pela sociedade.

A Polícia Federal é a mais profissional e bem estruturada agência de imposição da lei no Brasil (embora isso não queira dizer muito). Mesmo assim, a investigação de uma operação em expansão como a de Cabeça Branca exige anos de cuidadosa vigilância e coleta de informações. Os policiais estão tão envolvidos na batalha contra a incompetência interagências, o imenso poder legal que os criminosos mais importantes podem ter e a corrupção em suas fileiras e entre os políticos que seu sucesso contra Rocha foi uma espécie de milagre.

Mas, novamente, a história de Cabeça Branca suscita a imensa questão de por que sucessivos governos brasileiros se recusaram a reformar as leis antidrogas do país. Agora que o Canadá legalizou a maconha para uso recreativo em toda a federação; que a droga é totalmente legal em onze estados americanos e liberada para uso médico na maioria dos outros; e que quase todos os principais países da América do Sul descriminalizaram o uso pessoal da maioria das drogas, incluindo a cocaína, a lenta resposta brasileira a essa tendência global não começa a parecer velha e cansada?

Após a Covid-19 e, presumivelmente, em algum estágio após Bolsonaro, o Brasil precisará desenvolver uma estratégia de renovação que foque mais na saúde e no bem-estar. O número de pessoas mortas por overdose no Brasil empalidece quando comparado ao número de pessoas mortas na guerra contra as drogas. Se cerca de 60 mil brasileiros morrem todos os anos pelas mãos de outros brasileiros e bem mais de 50% dessas mortes podem ser diretamente atribuídas a uma única política — a guerra contra as drogas —, não seria razoável reconsiderar tal política após meio século de abjetos fracassos? Se o Brasil fosse uma empresa privada, o conselho diretor teria abandonado essa estratégia há décadas. Está na hora de o governo brasileiro se levantar e dizer o que é óbvio para tantos: o imperador está nu!

Até que isso aconteça, precisamos nos armar com entendimento e com narrativas estimulantes como a de Allan de Abreu.

Misha Glenny

Introdução

O fantasma

Já era perto do meio-dia quando o portão automático da garagem se abriu. Da casa de paredes com tons ocres e janelas brancas saiu uma caminhonete, o veículo predileto de dez entre dez moradores de Sorriso, cidade de 90 mil habitantes no norte de Mato Grosso cuja economia é movida pelas extensas plantações de soja e milho. Os vidros escuros da Hyundai Santa Fe branca impediam a identificação dos seus ocupantes pelos agentes da Polícia Federal, em vigília na rua desde a madrugada. A uma certa distância, os policiais passaram a segui-lo. Era início de julho, pleno inverno, mas o sol queimava a pele e deixava o ar tórrido — no sertão mato-grossense, as estações do ano existem apenas no calendário. A caminhonete percorreu devagar a avenida Brasil, com suas casas assobradadas de arquitetura moderna, típicas dos novos-ricos da cidade, dobrou à direita na avenida Blumenau e, logo em seguida, à esquerda, na avenida Natalino João Brescansin. Contornou a praça da Juventude e parou na rua Mato Grosso, em frente à principal padaria da cidade.

Da boleia, saiu um fantasma.

Era a primeira vez em mais de dez anos que policiais federais ficavam frente a frente com o paranaense Luiz Carlos da Rocha, o Cabeça Branca, o mais poderoso narcotraficante que o país já produziu, classificado pela PF entre os dez maiores do mundo. Com pouco mais de 1,70 metro de altura, magro, lábios muito finos e olhos miúdos, Luiz Carlos da Rocha beirava os 60 anos de idade. Naquela manhã, exibia chinelos de alças brancas, camiseta da mesma cor e bermuda jeans claro. Deixou a caminhonete com os vidros parcialmente abertos — nela estavam sua atual mulher e o filho mais novo, então com apenas oito meses — e rumou para a porta da padaria. Com barba e os cabelos tingidos de preto, ocultando os fios grisalhos que lhe deram fama, parecia tranquilo, quase absorto. Assim que cruzou a porta de vidro, três policiais à paisana se aproximaram, pistolas em punho. Alguns dos clientes, sentados às mesas na calçada, perceberam a movimentação dos agentes e se afastaram. Dentro da padaria, Cabeça Branca se aproximou do balcão. Com as mãos nos bolsos, não percebeu a chegada sorrateira do trio. Só quando um dos agentes se aproximou a menos de um metro, o traficante se deu conta da emboscada.

— Polícia Federal! Deita! Deita!

Sem reagir, Luiz Carlos obedeceu. Os outros dois policiais o algemaram. Imediatamente levaram o traficante para fora e o colocaram em uma caminhonete descaracterizada da PF. A ordem era rumar o quanto antes para a vizinha Sinop, a 85 quilômetros, onde um avião da corporação aguardava para levar Cabeça Branca até Brasília — os agentes temiam um possível resgate do traficante em terras mato-grossenses. Na estrada, o traficante demonstrou tranquilidade diante das perguntas dos policiais:

— Sua esposa não sabe quem o senhor é?

— Não. Palavra que não sabe.

— Mas o senhor é Luiz Carlos...

— Meu nome é Vitor, né.

Todos caíram na risada; Vitor Luís de Moraes era o nome falso usado por Cabeça Branca em Sorriso. O que mais surpreende aqueles que se propuseram a caçar esse Pablo Escobar tupiniquim nas últimas três décadas foi a incrível fleuma de Cabeça Branca: ele nunca caiu na tentação, tão humana, de ostentar sua enorme riqueza e poder. Assim foi até os seus últimos instantes de liberdade.

CABEÇA BRANCA

Na manhã do dia seguinte ao flagrante em Sorriso, um domingo, o traficante tomou outro avião da PF rumo a Curitiba, onde o aguardava o delegado Elvis Aparecido Secco, coordenador da operação que levou à sua prisão. O *capo* parecia conformado e exibia serenidade — chegou a cochilar no voo. Na capital paranaense, o depoimento começou às 15h30 e só terminou seis horas mais tarde. O traficante admitiu ter feito plásticas no rosto e confessou seus crimes, sem, contudo, revelar nomes de fornecedores e compradores de cocaína. "[...] Que a cocaína que o interrogado comercializava provinha da Bolívia, sendo que o interrogado dava ordem para que os motoristas carregassem em propriedades aleatórias no Mato Grosso e depois levassem até os depósitos de Cotia (SP) e Embu das Artes (SP); que o interrogado esclarece que o pagamento pela cocaína fornecida era feito em espécie, em dólares; que o pagamento era feito diretamente para o interrogado pelo comprador da cocaína", consta no depoimento.

O papel frio esconde todo o simbolismo daquele momento, anula os detalhes de um instante histórico: algoz e vítima, caça e caçador, frente a frente depois de décadas de perseguição. Ao fim da longa oitiva, Cabeça Branca, cansado, desabafou, com sua voz fina e um típico sotaque caipira triplamente destilado:

— Eu esperava ser preso um dia, mas não nessa fase da minha vida. Eu devia ter saído do país. Como é que vocês me pegaram, doutor? Me diga: o que eu fiz de errado?

* * *

Este livro narra a história de Cabeça Branca e de como ele conseguiu driblar a Polícia Federal por três longas décadas, entre lances de astúcia, contrainteligência e propina farta, mas também com generosas doses de sorte — como quando escapou por pouco de ser preso em uma pizzaria durante a festa de aniversário da mãe. Por quatro décadas, o mais próximo que a PF chegou de Luiz Carlos da Rocha foi em uma briga de rua dele com um agente da corporação, ainda nos anos 1980. Uma caça constante e débil que só terminaria em 2017, quando o grande imperador da coca no Brasil acabaria preso por uma equipe pequena e obstinada de policiais federais baseados em Londrina, Paraná — ironicamente, a cidade onde o *capo* da cocaína cresceu e onde deu seus primeiros passos no crime.

A morte lenta de Luiz Carlos da Rocha e o crescimento avassalador da grife Cabeça Branca marcam toda uma era do crime organizado no Brasil. Conhecer a metamorfose do garoto brejeiro, extrovertido e sagaz do interior paranaense no maior narcotraficante brasileiro de todos os tempos; as circunstâncias que fizeram do adolescente apaixonado por mulheres, festas e carros potentes o mentor da mais vasta rede criminosa já feita por um único homem no país é também acompanhar a profissionalização do comércio atacadista de drogas no Brasil. O país transformou-se no principal corredor da droga que chega à Europa depois de sair dos países andinos, segundo o Escritório das Nações Unidas sobre Drogas e Crime (UNODC).[1] Em 2019, a Polícia Federal apreendeu 104 toneladas da droga no país, recorde desde 1995, quando os dados começaram a ser tabulados.[2] O crescimento galopante de apreensões da droga se explica tanto pela melhora do aparelho repressor — um exemplo são os scanners utilizados pela Receita Federal para vistoriar os contêineres no porto de Santos, o maior do país — quanto pelo aumento do fluxo da cocaína que rasga o Brasil com destino à Europa.

Nesse período de pouco mais de duas décadas, o Brasil viu prosperar a figura do "broker" narcotraficante, o intermediário entre produtores e compradores. A grande distância física entre as duas pontas faz do grande empresário atacadista das drogas uma figura-chave, pois é dele a tarefa de driblar a repressão do estado na fase mais arriscada do negócio, o transporte da cocaína. O "broker" assume riscos em um mercado regulado pela violência e recebe em troca um lucro assombroso, que nenhuma outra mercadoria no mundo, lícita ou ilícita, proporciona: o quilo da cocaína sai da Bolívia a US$ 800, chega a São Paulo a US$ 8 mil e, uma vez exportado, alcança US$ 40 mil no continente europeu. Mais do que qualquer potencial produtivo na origem, o mercado atacadista da cocaína baseia-se sobretudo na habilidade e na criatividade para construir meios de inundar um mercado ilegal cuja demanda nunca entra em crise.[3] A condição de vício proibido fez da coca um mercado inexorável. Não importa o quanto se invista na repressão do comércio e no desestímulo ao consumo, a cocaína encontrou na sociedade capitalista, tão ansiosa e frenética, uma demanda inexpugnável, muito além de qualquer modismo.

No afã do lucro, o mercado atacadista da coca profissionalizou-se: a violência sem freios e a visibilidade proposital dos antigos cartéis de Cali e Medellín deram lugar à discrição extrema dos novos "brokers" do tráfico — não à toa, na Colômbia são chamados de "Os invisíveis".[4] Se as matanças de antes chamavam muito a atenção da sociedade e do Estado para os seus esquemas, agora preferem lucrar em silêncio. Cabeça Branca espelhou, no Brasil, a "pax monopolista" tão característica da nova geração dos *capos* da droga. O que nunca o impediu de direcionar violência extrema contra aqueles que representassem alguma ameaça: prometeu "comer a cabeça" de subordinados ao suspeitar que estivessem desviando parte de sua cocaína; planejou torturar e assassinar um juiz na fronteira que decretara a sua prisão; fez com que um radialista paraguaio que o criticava fugisse para a Europa e nunca mais regressasse à terra natal.

Uma violência focada, com mira muito precisa. E discreta.

Luiz Carlos da Rocha converteu-se em sofisticado empresário do tráfico, um atravessador que exerce com rigor e profissionalismo o transporte da cocaína entre as áreas de produção, invariavelmente na tríade Bolívia, Peru e Colômbia, e os grandes mercados consumidores do mundo, Estados Unidos e Europa. A PF calcula que, por mês, ele trazia para o Brasil pelo menos cinco toneladas de cocaína — sem contar outras rotas pela América Latina. Fornecia a droga para as maiores facções brasileiras, como o Primeiro Comando da Capital e o Comando Vermelho, e também para organizações mafiosas na

Europa, como a italiana 'Ndrangheta, os cartéis mexicanos e clãs sérvios e russos.

As montanhas de dólares que o *capo* recebia dos compradores europeus acabavam devidamente lavadas na compra de fazendas, veículos, gado e até um garimpo na Amazônia. Entre os seus bens identificados e bloqueados pela Justiça no fim de 2019 estão dez fazendas no Brasil e no Paraguai que somam 21,9 mil hectares, 40 mil cabeças de gado e mais de cem veículos. Um patrimônio já identificado de R$ 1 bilhão, sem contar o que ainda permanece nas sombras — a suspeita é de que ainda tenha muito dinheiro escondido em offshores mundo afora. Por décadas, segundo a PF, Cabeça Branca limpou o dinheiro das drogas por meio de um engenhoso esquema financeiro operado por doleiros amigos, como Alberto Youssef. Nessa gigantesca lavanderia, as propinas operadas por empreiteiras e políticos, rastreadas pela Lava Jato, misturaram-se às notas borrifadas pelo pó de Cabeça Branca.

Colarinhos ainda mais brancos pelo poder financeiro da cocaína.

* * *

Meu livro *Cocaína: a rota caipira*, publicado pela Editora Record em 2017, trouxe um capítulo sobre Cabeça Branca. Mas confesso: cometi um misto de erro e injustiça na obra ao não dar a Luiz Carlos da Rocha o status que ele merece no tráfico de cocaína do Cone Sul. Havia muito mais a contar sobre o grande narcotraficante brasileiro, um homem que misturava aspectos da personalidade do colombiano Pablo Escobar — a ousadia e o talento para operar no comércio atacadista da cocaína, com sua vasta liquidez e insondáveis oportunidades — com traços da discrição e da inteligência política dos irmãos Orejuela, do rival cartel de Cali. Uma história nunca abordada em profundidade pela mídia brasileira, débil na cobertura do crime organizado nacional.

CABEÇA BRANCA

De fato, o comedimento talvez seja a maior característica de Luiz Carlos da Rocha. Por isso, não é nada fácil escrever sobre um espectro, cuja trajetória contém lacunas indevassáveis. Durante três anos de apuração, procurei eliminar ao máximo essas zonas de sombra. Reuni 20 mil páginas de documentos sobre Cabeça Branca e seus familiares, incluindo inquéritos policiais e ações judiciais no Paraná, São Paulo, Rio de Janeiro, Goiânia e Mato Grosso do Sul, além do Paraguai. Também colhi material nos arquivos do Itamaraty, em cartórios, em Juntas Comerciais e na Receita Federal. Entrevistei mais de 30 policiais, promotores e juízes que já cruzaram o caminho do traficante, no Brasil e no Paraguai. Pesquisei a rala bibliografia sobre o personagem e também ouvi amigos de infância e juventude, dos tempos em que Cabeça Branca atendia pelo apelido de Luizinho ou Rochinha.

Entre os familiares do traficante, contatei duas de suas irmãs e um de seus filhos, mas nenhum quis falar sobre Cabeça Branca. "Meu irmão é uma pessoa maravilhosa, um ser humano abençoado por Deus", limitou-se a dizer uma das irmãs. Por meio de cartas, busquei contato com o próprio Luiz Carlos no presídio federal de Mossoró (RN), onde ele estava no início de 2018, antes de ser transferido para Brasília. Mas Cabeça Branca nunca respondeu aos meus pedidos de entrevista; por meio de seu advogado, disse que não tinha interesse em falar. A um de seus filhos, ele repetiria a negativa, em dezembro de 2020. Mesmo atrás das grades, aparentemente inoperante, o grande *narco* brasileiro prefere as sombras, onde sempre se sentiu mais confortável para operar uma gigantesca máquina de movimentar cocaína.

1

"Eu como a cabeça dele"

Cabeça Branca estava especialmente irritado naquela tarde de 12 de abril de 2017. O plano era embarcar centenas de pacotes com cocaína puríssima em um navio no porto de Paranaguá (PR) com destino a Le Havre, noroeste da França. Mas ele descobriu que a equipe contratada para subornar marinheiros e funcionários do porto e inserir as mochilas com a droga em um contêiner — modalidade conhecida como "rip on/rip off" — havia lhe apresentado um documento falso de transporte da carga lícita onde a cocaína seria inserida, o chamado *bill of lading* (BL). Narcotraficantes costumam utilizar o BL, espécie de nota fiscal do transporte marítimo, para localizar o contêiner onde a droga será inserida clandestinamente. Cabeça Branca farejou o golpe e reagiu com violência. Em um áudio via WhatsApp para Marcelo Gregolin Anacleto, o Garotão, funcionário dele baseado em Curitiba, o *capo* esbravejou:

— Boa tarde, meu amigo. [...] Ele é um cara que tá acostumado a mexer com isso, então se estão tentando passar a gente pra trás, você pode falar pra largar mão disso que ninguém é trouxa. [...] Eu não quero mais saber de confusão deles, ou eles fazem ou me devolvem o que é meu e acabou. [...] Só que eu quero tudo o que é meu, não pode faltar um centavo, tá? Porque se faltar um centavo, eu não vou perdoar. Nós vamos pra cima e vamos resolver. Eu como a cabeça dele, que nem te falei, eu como a cabeça mesmo, tá? Porque ninguém é palhaço de ninguém. Eu botei meu dinheiro confiando na palavra. [...] Ou eles cumprem [o combinado] ou eles vão ter um problema muito sério pra vida deles. [...] É muito dinheiro? É, mas não vai me deixar nem mais rico nem mais pobre. E eu gasto dez vezes isso aí pra pegar eles. [...] Se eles soubessem... ainda bem que não sabem quem sou eu, eu acredito que você não deve ter falado. Se eles soubessem quem sou eu, tenho certeza que eles não iam fazer isso, tá?

O alvo das ameaças era Marcos Luiz Pinto, o Mikako ou De Óculos, homem de meia-idade, grisalho como Cabeça Branca, que liderava uma equipe especializada em inserir cargas de cocaína em contêineres no porto de Paranaguá, investigada pela PF na Operação Flashback, em 2015.[1] Naquela ocasião, um dos clientes de Mikako era o sobrinho do megatraficante Gustavo Durán Bautista, acusado de comandar um grande esquema de exportação de cocaína para a Europa escondida em carregamentos de frutas produzidas no semiárido baiano, no início dos anos 2000.

Pressionado por Cabeça Branca, Mikako tratou de se explicar para outro funcionário do *capo*, Alessandro Rogério de Aguiar, sujeito corpulento que, ironicamente, tinha o apelido de Ursinho, irmão do ex-prefeito de Brasnorte (MT), Eudes Tarciso de Aguiar, sobre quem falarei no capítulo 6. Ursinho cuidava da logística de transporte da cocaína: recebia a droga trazida por aviões da Bolívia e da Colômbia até fazendas em Mato Grosso e a despachava em caminhões até os portos de Santos (SP), Rio de Janeiro (RJ), Paranaguá (PR), Itajaí (SC) e Navegantes (SC), onde equipes terceirizadas, como a de Mikako, cuidavam do embarque nos navios.

— O importante pra nós, independente de ter acontecido isso ou não, se chegasse lá [na França] era o que importava — disse Mikako a Ursinho. — Eu tô aqui pra dizer o seguinte: acalme tua mente, acalme teu coração, que tua mercadoria vai ser salva.

Mas, como o chefe Cabeça Branca, Ursinho também estava irritado. Disse que, se ele não tivesse a documentação da carga lícita para confrontar com os papéis de Mikako, poderia ter ocorrido um banho de sangue no litoral paranaense:

CABEÇA BRANCA

— Você já pensou se nós não temos as imagens [do *bill of lading*] pra confrontar agora? As imagens daí e de lá, como seria, ia ficar o diz pelo que não diz. Aí eu ia ter que, resumindo pra você, empurrar [assassinar] o pessoal de lá e o teu pessoal aí. E você junto. Então às vezes essa exigência nossa salvou vidas. Pensa por esse lado que é melhor.

Mikako gaguejou:

— Mas nem pense numa, numa, numa... numa idiotice dessa, cara, porque... aqui, é... Eu acho que, por mais, é... é, é... cagada que tenha dado, eu já mostrei pra você quem eu sou, cara, pelo amor de Deus, não pensa um troço desse de mim, meu irmão.

Ursinho decidiu enviar Garotão para conversar pessoalmente com Mikako em Paranaguá. Assim que chegou à cidade litorânea, Garotão enviou um áudio para Cabeça Branca, que acompanhava tudo a distância:

— Patrão, bom dia. Já cheguei, tô com nosso amigo De Óculos [Mikako] aqui, tô indo fazer o romaneio da madeira, conferência, ver qualidade, é... Tudo certinho pra passar informações concretas aí pra vocês, tá bom? Aguarda aí que no máximo daqui instantes aí, já, já, te passo a relação, tudo certinho.

Minutos depois, Garotão enviou fotos dos pacotes de cocaína para o patrão. As embalagens possuíam a imagem de um boi com longos chifres, marca de origem do fornecedor. Em uma das fotos, Mikako aparece arrumando as embalagens no chão.

Mas surgiram novos problemas no embarque, não identificados pela Polícia Federal. E Cabeça Branca ficou ainda mais irritado:

— Depois que deu problema, ele [Mikako] já me passou três ou quatro datas. Passou dia 31, depois do dia 31 pulou pro dia 4, do dia 4 pulou pro dia 11, e sempre arrumando desculpa. [...] Eu não tô confiando nesse pessoal, não. Então vamos fazer o seguinte, é a última chance: fazer ou não fazer! Se fizerem, bem; se deixarem de fazer também, manda preparar meu dinheiro, preparar minhas coisas [droga] de volta, eu vou querer minhas coisas de volta e meu dinheiro, não pode faltar um centavo, tá, inclusive o que... o que faltou agora com essa confusão todinha.

Garotão conseguiu resgatar os pacotes de cocaína das mãos de Mikako e escondeu tudo em um apartamento alugado em Paranaguá, à espera de outra oportunidade para embarcar a droga em um navio rumo à Europa.

— Não tem câmera [de vigilância] e é pequeno, com garagem individual e vazio. É bem tranquilo, entendeu? Esse daqui é bom — disse ele para Cabeça Branca.

Apenas um mês depois a cocaína seria embarcada para a França pelo grupo de Mikako, escondida em um carregamento de celulose.

— O pátio carrega químico e celulose, mas são caixas distintas: um vai com químico e outro vai com celulose — explicou Mikako.

— O nosso vai com o quê? — perguntou Garotão.

— Celulose.

Todas essas conversas estavam em um dos celulares apreendidos com Cabeça Branca, que integravam um complexo sistema de circuitos fechados de comunicação, em que um aparelho só conversa com outros dois ou três predeterminados por ele. O objetivo era evitar que os diálogos fossem interceptados pela polícia. A PF identificou as vozes de Ursinho e Garotão a partir de uma imagem do circuito de câmeras de segurança do elevador do Shopping JK Iguatemi, em São Paulo, em maio de 2017. Nela, Cabeça Branca aparece conversando com dois homens, ambos ligeiramente gordos, um loiro e outro moreno. Comparações com as imagens de ambos no Facebook não deixaram dúvidas: o primeiro era Garotão, de Curitiba; o segundo, Ursinho, de Brasnorte. Com autorização judicial, a PF interceptou os celulares "comuns" de ambos e comparou as vozes com os áudios no aplicativo WhatsApp de Cabeça Branca.

A ligação da dupla com o megatraficante vinha de anos anteriores. Em 2014, Cabeça Branca comprou uma carreta da empresa de Garotão, a Arimar Transportes e Madeiras, e colocou o veículo em nome de Robson de Oliveira Silva, funcionário do *capo* responsável pela administração de um dos galpões de armazenamento de cocaína em Guarulhos (SP). Na tarde do dia 3 de junho de 2016, policiais civis que investigavam uma quadrilha de roubo de carga na região seguiram um automóvel que parou em frente ao galpão, "com aparência de abandonado, causando fundada suspeita aos valorosos policiais", como escreve o delegado Fúlvio Mecca no boletim de ocorrência. Do veículo saltaram Silva e mais dois homens, que foram abordados. Segundo a polícia, eles admitiram que havia droga armazenada no local. Os policiais então invadiram o imóvel e encontraram 32 sacos plásticos com tijolos de cocaína, um total de 967 quilos da droga. Os três foram presos em flagrante. Com Silva detido, a carreta em nome dele foi transferida novamente para a empresa de Garotão.

Cópias do boletim de ocorrência e de partes da ação penal contra o trio[2] foram encontrados pela PF em um pendrive apreendido na casa de Cabeça Branca, em Osasco — os agentes não têm dúvida de que o carregamento pertencia a ele. Na residência, a PF também apreendeu uma carta endereçada ao "dr. Admilson" — possivelmente um advogado — com orientações para um possível acordo escuso com a Polícia Civil. Segundo planilha encontrada em um computador de Cabeça Branca, na realidade foi apreendida no galpão 1,12 tonelada de cocaína, mas desse total 153 quilos foram desviados:

"Ver a possibilidade do pessoal que fez a apreensão favorecer dois ou três. Um assumir em juízo... viu o carro mas não tem certeza da união do mesmos.

"Só viu o carro do lado. E parece que se cumprimentaram.

"Gente grande. Ele sabe perder e sabe ganhar, respeita o trabalho da Polícia, mas o Sr. sabe que foram roubados — estão dispostos a deixar como está desde que o pessoal colabore com os meninos.

"Porque o pessoal que está por traz [sic] vai contratar um advogado especializado em delação e vai enrolar a todos. O que não é bom para ninguém, inclusive poderiam ter ficado com tudo.

"Vão denunciar todos policiais.

"Se colaborarem combinaremos um valor e pagaremos após o resultado.

"Fica claro que não querem problemas. Só liberar os meninos. Caso concordarem um abraça e será bem recompensado e quem assumir terá os nomes para delatar."

Tudo indica, porém, que não houve acordo. O trio foi condenado a quatro anos de prisão por tráfico de drogas.

Garotão, Ursinho e Mikako foram presos em novembro de 2018 na Operação Sem Saída, uma das fases da Spectrum, e denunciados por associação criminosa, associação para o tráfico de drogas e lavagem de dinheiro. A ação penal não havia sido julgada em setembro de 2020.[3]

* * *

Planilhas apreendidas em pendrives nas casas do traficante em Osasco (SP) e Sorriso (MT) detalham a contabilidade de 27 toneladas de cocaína que Cabeça Branca negociou em três anos e meio, entre 2014 e junho de 2017, movimentando US$ 138,2 milhões. Nesses documentos, Cabeça Branca revela uma personalidade metódica: cada centavo de despesas e receitas era devidamente contabilizado. Mesmo após perder uma tonelada da droga no flagrante em Guarulhos, o império do traficante não sofreu abalos: nos cinquenta dias após a apreensão, de acordo com as planilhas, ele lucrou US$ 700 mil.

O quilo da cocaína, chamada por Cabeça Branca de "garrote" ou "novilha" nos documentos, era adquirido por ele na Colômbia ou Bolívia por valores entre US$ 2,7 mil e US$ 3,4 mil, dependendo da qualidade do produto. Quando revendia a compradores no Brasil, cobrava US$ 5,3 mil o quilo — lucro bruto entre US$ 1,9 mil e US$ 2,6 mil. Já quando exportava para a Europa, recebia uma média de US$ 30 mil pelo quilo da droga.

Em algumas situações, entretanto, Cabeça Branca apenas alugava sua logística para que outros grupos trouxessem cocaína dos países produtores até o Brasil. Nesse caso, faturava US$ 1 mil por quilo transportado — cada aeronave de pequeno porte carrega entre 400 e 500 quilos da droga por viagem.

Seus pilotos, a maioria cooptados em cidades fronteiriças como Ponta Porã e Corumbá, Mato Grosso do Sul, eram muito bem remunerados: recebiam entre R$ 150 mil e R$ 190 mil por cada viagem

CABEÇA BRANCA

com cocaína — entre 2014 e 2017, Cabeça Branca pagou um total de US$ 2,8 milhões para eles. Nesses casos, os aviões, a maioria Cessnas 210, de asa alta para facilitar o desembarque do entorpecente, são adaptados: todos os bancos são retirados para dar lugar aos pacotes com a droga e, em alguns casos, o piloto viaja ao lado de um galão de querosene, para que a aeronave seja abastecida em pleno voo, como ocorria no esquema de João Soares Rocha, narrado no capítulo 8.

Durante algum tempo, no início da década de 2010, Cabeça Branca chegou a transportar cocaína em aviões até o interior de São Paulo e o Triângulo Mineiro, a chamada "rota caipira" do tráfico. A PF possui indícios de que pelo menos duas apreensões da droga em aeronaves nesse período pertencessem a ele. Na primeira, em 6 de fevereiro de 2013, um avião carregado com cocaína colombiana pousaria na zona rural de Porto Feliz, região de Sorocaba (SP). O plano dos policiais era esperar a droga ser descarregada e anunciar o flagrante quando a caminhonete que aguardava a aeronave deixasse o canavial — o avião seria apreendido no aeroporto de Americana (SP), onde iria descer para reabastecimento antes de retornar para Mato Grosso. No entanto, no dia marcado, chovia muito forte e o avião não decolava na pista enlameada. Quando conseguiu, subiu apenas 50 metros e caiu. Nesse momento, os policiais decidiram agir. Com uma caminhone-te, foram em direção à picape dos traficantes, já carregada com 400 quilos de cocaína. Mas os traficantes não se renderam. Começaram a atirar e aceleraram a picape em direção aos policiais. A colisão foi frontal. Um policial ficou ferido. Após a batida, os três que estavam na picape fugiram pelo canavial. Um foi baleado de raspão em uma das pernas e acabou detido. Os demais sumiram. O avião, destruído, foi encontrado abandonado a poucos metros.

Naquele mesmo ano, um grupo de agentes da PF aguardou o pouso de outra aeronave de Cabeça Branca carregada com 413 qui-los de cocaína, dois fuzis, três granadas e munição, em uma pista no meio de uma plantação de sorgo em Campo Florido (MG). Em segundos, a caminhonete encostou na asa e logo o grupo começou a descarregar a droga. Nesse momento, dois policiais com fuzis, lado a lado, começaram a atirar no motor da aeronave. Os traficantes revidaram, também com fuzis. Enquanto isso, piloto e copiloto, ambos paraguaios, ainda tentaram decolar, mas seguiram apenas por 200 metros. O motor começou a pegar fogo e eles pularam da aeronave. Em poucos segundos veio a explosão, causada pelas duas granadas. Dois traficantes morreram na troca de tiros e outros três foram presos e condenados por tráfico e associação para o tráfico internacional.

A ação da polícia fez com que Cabeça Branca retomasse o seu esquema original: os aviões com cocaína passaram a pousar em fazendas no norte de Mato Grosso, onde eram entregues a subordinados de Ursinho, responsável por receber e guardar a carga. Em um segundo momento, a droga seguia em caminhões até os portos do centro-sul do Brasil — o motorista recebia R$ 70 mil por viagem.

"Veja, senhor, essa rota que nós fazemos não é a mesma que fazem outros grupos, alguns vão de carro [avião] direto a [São] Paulo, mas eu não, onde chega o veterinário [piloto de avião] estamos muito longe de [São] Paulo, daí terminamos por rodovias / De onde chega o veterinário demoramos uma semana a mais até [São] Paulo... por rodovia...", escreveu o traficante, em espanhol, para um fornecedor de cocaína na Colômbia identificado como Nikko.[4]

Uma das fazendas de Mato Grosso onde os pilotos pousavam com a cocaína possuía uma sinalização peculiar aos pilotos, à la Pablo Escobar: a palavra "Branca" escrita com eucaliptos, com mais de um quilômetro de comprimento, só visível do alto. A pista ficava a poucos metros.

Uma vez no Brasil, a cocaína era exportada pelo grupo de Cabeça Branca ou revendida a outros clientes. Pelas planilhas apreendidas nas casas do traficante, o maior deles era conhecido pelo apelido de Bailarino: entre 2014 e 2017, o *capo* de Londrina vendeu a ele 7 toneladas de cloridrato de cocaína, por um total de US$ 40,3 milhões. No dia 28 de junho de 2017, três dias antes de ser preso, Cabeça Branca telefonou para o seu gerente financeiro Wilson Roncaratti e ordenou que ele fosse se encontrar com Bailarino para receber US$ 1 milhão por uma entrega de cocaína.

— Desse aí, esse que cê vai pegar com o Balé, cê já pode fazer outro depósito se tiver, tá? — disse o traficante.

— Ah, tá, daí eu já faço no final de semana, né?

— Pode fazer.

— [...] Cê tá anotando tudo esses dinheiro que cê tá usando?

— Tudinho, tudo, tudo, tudo.

O dinheiro seria apreendido pela PF no dia 1º de julho na casa de Roncaratti, em Osasco. Até a publicação deste livro, os agentes tentavam descobrir a identidade de Bailarino.

Outro comprador estrangeiro com quem o *capo* paranaense mantinha relações comerciais levava o apelido de Chino, também não identificado pela PF.

"Olá. Como vai você?", perguntou Chino, em inglês, pelo WhatsApp, em novembro de 2016.

"Eu estou bem, obrigado", respondeu Cabeça Branca, no mesmo idioma.

"Você tem tempo para tomar um café hoje?"

"Eu estou viajando, eu vou enviar um amigo para falar com você, se você concordar, ele vai pegar o seu pedido."

"Ok, sem problemas. Eu estou no hotel Renaissance [em São Paulo]. Nós podemos nos encontrar no lobby."

"[...] O que você me diz da fotografia da mulher?", perguntou o brasileiro. Para a PF, Cabeça Branca utilizava uma metáfora para se referir a amostras de cocaína entregues a Chino.

"Ela estava ok, mas não é a melhor. Se você tiver garotas melhores, eu prefiro. Eu gosto de loiras com corpo bonito."

"Amigo, igual a essa você não irá encontrar em nenhum lugar, as mulheres que eu conheço são as mais bonitas... dificilmente conseguirá outra igual."[5]

Cabeça Branca não tinha "ideologia" no crime. Fornecia cocaína tanto para o Primeiro Comando da Capital (PCC) quanto para seu maior rival, o Comando Vermelho (CV): agentes da PF flagraram caminhões saindo de dois dos galpões que serviam de entreposto para o *capo*, em Araraquara, interior paulista, e Cotia, na Grande São Paulo, até locais controlados pelo PCC na capital paulista e pelo CV no Rio de Janeiro.

A PF suspeita ainda que Cabeça Branca forneceu cocaína para um grupo de traficantes libaneses radicados em São Paulo. Comandado pelos irmãos Hussein, Mohamad e Jamal Jaber, o bando possuía vínculos com políticos do MDB paulista. Em 2014, agentes da Polícia Federal apreenderam 1,2 tonelada de cocaína dos libaneses em Rio Claro (SP) — a droga estava oculta em uma carga de azulejos que seria exportada para Portugal. O grupo foi preso na Operação Beirute, deflagrada no fim daquele ano.[6] Parte da ação penal contra os irmãos Jaber foi encontrada por policiais federais na casa de Cabeça Branca em Osasco (SP).

O *capo* também mantinha contato com máfias na Itália — com destaque para a 'Ndrangheta, que domina o tráfico de drogas no sul da Europa —, na Sérvia e na Albânia. No dia 15 de maio de 2017, agentes da PF flagraram um dos caminhões de Cabeça Branca entrando no galpão de Araraquara, provavelmente para descarregar uma partida de cocaína — cruzamento da data com planilhas apreendidas posteriormente em endereços ligados ao traficante paranaense levaram à conclusão de que se tratava de 550 quilos da droga. Quando a Operação Spectrum foi deflagrada, em 1º de julho daquele ano, não havia vestígios de droga no barracão. Mas, dez dias depois, um empresário procurou a PF e disse ter feito fretes de carregamentos de pedra desde uma empresa em Ribeirão Preto (SP) até o porto de Santos, não sem antes parar no mesmo galpão de Araraquara, onde as pedras foram acondicionadas em pallets tipo exportação, com destino à Europa — momento em que, possivelmente, a cocaína fora oculta entre as pedras. Quem cuidava da exportação era a empresa Patagônia Comercial Importadora e Exportadora, pertencente a uma italiana e a um argentino, sócios em várias empresas, algumas delas no Uruguai, onde Cabeça Branca morou e manteve negócios; uma dessas empresas, no Brasil, teve movimentação financeira de R$ 1 bilhão em quatro anos. Os

CABEÇA BRANCA

carregamentos de pedra eram enviados para a empresa Stroyka International, do belga Yüksel Nurettin e do holandês Bert Koedam, sediada no porto de Ghent, Bélgica.

A quebra dos sigilos telefônicos desses empresários no Brasil trouxe um novo nome à investigação: Silvio Lopes da Rocha, principal braço operacional do esquema em território brasileiro (apesar do sobrenome, ele não possui parentesco com Cabeça Branca). No dia 20 de julho de 2018, agentes da PF acompanharam Silvio e o holandês Ismael Antonio Tineo Cristo, ligado à Stroyka, entrando em um galpão na cidade de Leme, próxima a Ribeirão Preto, onde duas carretas foram carregadas com pedras — o barracão substituíra o de Araraquara. Onze dias mais tarde, a Patagônia exportou uma carga de 57 toneladas de ardósia para a Stroyka pelo porto de Santos. A PF acionou a polícia belga, que no dia 21 de agosto vistoriou o navio e apreendeu 1,93 tonelada de cocaína em meio às pedras. A droga estava embalada em pacotes com a logomarca do partido político Rússia Unida, do presidente russo Vladimir Putin; não há indícios de envolvimento da sigla no episódio.

No dia seguinte, 22 de agosto, ao saber da apreensão na Bélgica, Silvio, aflito, telefonou para a mulher:

— Você pode olhar pela janela do seu quarto? — pediu ele.

— Eu tô na janela do meu quarto.

— Tá cheio de viatura aí na frente? Deu umas coisa errada aí, tô meio cabreiro. [...] O menino falou "joga fora [o celular] que tá te rastreando". Aí já joguei fora.

Silvio seria preso em flagrante, meses depois, com 11 quilos de cocaína em São Paulo.

Naquele agosto de 2018, dois dias após o flagrante na Bélgica, a PF conseguiu interceptar dois caminhões do grupo carregados com pedras no porto de Santos, mas não encontrou droga na carga — descobriu-se depois que a cocaína não chegara a tempo nas mãos de Silvio para que fosse oculta entre as pedras. Ao saberem da apreensão da cocaína na Europa, o grupo orientou o motorista de um terceiro caminhão a abandonar o veículo no meio da estrada, como ele relatou à mulher por telefone:

— O menino me ligou aqui e mandou deixar o caminhão aqui e ir embora. Falou: "deixa o caminhão aí e vai embora." Só falou isso pra mim. [...] Aí eu não sei o que tá acontecendo. Acho que é bom eu não ir pra casa, não.

Com a operação, todos os alvos fugiram para o exterior, mas por pouco tempo. Em fevereiro de 2019, o holandês Cristo retornou ao Brasil na companhia do albanês Aleks Zykaj, radicado na Espanha e ligado à máfia sérvia. Hospedaram-se em um hotel de Balneário Camboriú (SC), e agentes da PF instalaram microfones no quarto para captar a conversa entre ambos. Em inglês, Cristo e Zykaj discutiram formas de camuflar um carregamento de uma tonelada de cocaína para a Europa. No quarto, os policiais encontraram embalagens prateadas idênticas às apreendidas no carregamento da Bélgica — o material, hermético, dificultaria a ação de cães farejadores, e também impediria que a cocaína fosse detectada por aparelhos de scanner. Em março de 2017, semanas antes da chegada do caminhão de Cabeça Branca com 550 quilos de cocaína no galpão em Araraquara, Cristo estivera hospedado em um hotel da cidade.

A Citrosuco, maior processadora de suco de laranja do mundo, com capital social de R$ 2 bilhões,[7] vendia espaço em seus navios carregados com suco de laranja *in natura* para que o grupo levasse as pedras recheadas com cocaína até a Europa. Após a apreensão da droga na Bélgica, o despachante aduaneiro que cuidou da carga no Brasil reclamou da empresa para um amigo:

— Eu tô preocupado com esse negócio em Santos, mas o prejuízo que o Yuksel tomou com devolução de contêiner, leasing, transporte, o tempo que ficou parado, uma série de coisas... Fora o prejuízo lá fora, então eu vou sentar com a Citrosuco e vou... tá aqui, ó. A gente é parceiro só quando o negócio tá bom pra vocês? Agora a gente fica na mão? Não é assim que funciona.

Interceptações telefônicas da polícia belga flagraram diálogo em que o representante da Citrosuco no país disse que "as coisas deram para o torto [errado]" a partir do momento em que começaram a trabalhar com a empresa Patagônia, no Brasil. Cinco meses após o flagrante das quase duas toneladas de cocaína, um novo carregamento de droga, 1,1 tonelada, foi apreendido no porto belga de Antuérpia em um navio da Citrosuco. "A expressiva quantidade [de droga] encontrada [em agosto de 2018], quase duas toneladas de pasta de cocaína, somada aos indícios de que outras remessas do entorpecente para a Europa foram realizadas pelos navios da Citrosuco, sugerem o envolvimento de pessoal da própria companhia marítima no esquema delituoso", escreveu o juiz Nivaldo Brunoni nos decretos de prisão temporária e busca e apreensão da Operação Tifeu, quinta fase da Spectrum — o nome remete ao deus da mitologia grega capaz de produzir ventos fortes. Um dos endereços vasculhados pela PF foi o da analista de importação e exportação da Citrosuco, em Santos.[8]

Em nota a este autor, a empresa disse que "jamais compactuou com qualquer conduta ilícita" e, tão logo soube do flagrante de agosto de 2018 na Bélgica, contribuiu com as investigações. "A empresa, infelizmente, foi vítima de organizações criminosas que se aproveitam das exportações de mercadorias para clandestinamente transportar drogas ilícitas para outros países", informa a nota. A analista de exportações em Santos foi demitida. Um agente da Citrosuco na Europa, assim como os demais integrantes do esquema, foi denunciado pelo Ministério Público Federal por tráfico internacional de drogas e associação criminosa. A ação penal não havia sido julgada até setembro de 2020.

* * *

Meticuloso, Luiz Carlos da Rocha desenhava croquis de carretas de caminhão com fundos falsos e tamanhos de contêineres ideais para esconder a cocaína. Em um dos desenhos, ele determina ao fabricante, uma empresa do Paraná, que a carreta deveria pesar 300 quilos, mas a nota fiscal deveria informar peso de 1,3 mil quilos — provavelmente a diferença seria preenchida com uma tonelada de cocaína. Em outra anotação, Cabeça Branca pede para que se abra uma empresa "numa região agrícola da Itália" e exemplifica algumas regiões: Tolmezzo, Ancona, Cagliari, Nápoles, Veneza, Roma e Florença. Em seguida, ele cita algumas empresas que exportam do Brasil para a Itália, e que todos os carregamentos saem do porto de Itajaí (SC).

O dono da empresa fabricante de carretas no Paraná fora investigado pela polícia italiana na apreensão de uma tonelada de cocaína apreendida em novembro de 2010 no porto de Gioia Tauro, controlado pela 'Ndrangheta — apesar das suspeitas, ele não chegou a ser denunciado à Justiça pelo Ministério Público italiano. A droga estava escondida em implementos agrícolas dentro de um navio que partira de Navegantes (SC). A PF suspeita que a cocaína pertencesse a Cabeça Branca.

Em outra anotação, o traficante elenca os principais portos europeus, as empresas que fazem o transporte marítimo do Brasil para esses locais e os principais navios e tipos de carga para cada porto — em Las Palmas, nas Ilhas Canárias, por exemplo, só poderiam ser enviados embutidos, ou "frios". Em um dos navios citados pelo traficante nas anotações, a polícia holandesa flagrou, em junho de 2017, parte da tripulação arremessando ao mar, na costa do país, bolsas impermeáveis contendo cocaína. Assim que as bolsas foram recolhidas por um barco pesqueiro, a polícia invadiu a embarcação e apreendeu a droga, 300 quilos no total.

Obviamente, não se criam tentáculos criminosos tão extensos e profundos sem um longo histórico de atividades fora da lei. Luiz Carlos da Rocha vislumbrou oportunidades no mercado milionário da cocaína quando o crime organizado ainda apostava no contrabando de café e uísque, uma brincadeira de criança perto do que viria mais tarde.

2

Café com uísque

Na noite daquele sábado, 17 de fevereiro de 1973, Luiz Carlos da Rocha assistia ao *Jornal Nacional* com os pais e os irmãos, todos no sofá da sala, quando a campainha tocou. Como era costume, a mãe, Terezinha, foi ver quem era. Tão logo abriu a porta, cinco policiais, todos armados, invadiram a casa:

— Todo mundo quieto, Polícia Federal! — gritou um deles.

Luiz Carlos, então um adolescente de 13 anos, ficou imobilizado no sofá, o corpo tomado pelo susto. Era o primeiro contato dele com os inconfundíveis coletes pretos da PF. Seu irmão mais novo, Carlos Roberto, de 6 anos, começou a chorar ao ver o pai, Paulo Bernardo, imobilizado contra a parede e algemado, acusado de contrabando.

Semanas antes, Paulo e o sócio Sérgio Spacini compraram um grande carregamento de uísque falsificado de um fornecedor paraguaio, Antonio Tallavera Romero. Foram três viagens entre Caarapó (MS), próximo a Ponta Porã, e Maringá (PR), onde a bebida seria revendida. A carga vinha no fundo falso de um caminhão-tanque, conduzido por Waldomiro Pontes; Paulo e Spacini vinham um pouco à frente, com uma caminhonete, para atuar como "batedores", avisando o amigo sobre a eventual presença de policiais na estrada. As duas primeiras viagens ocorreram sem contratempos: foram 150 caixas em cada uma. Na terceira, 163 caixas de marcas como Buchanan's,

Passport, Grant's e Chivas Regal, avaliadas em Cr$ 22.115,00 (R$ 90 mil, em valores corrigidos). Quando Pontes aguardava por Romero em um posto de combustível de Maringá para descarregar as caixas — já sem Paulo Bernardo e Spacini, que seguiram para Londrina —, foi abordado por um policial militar e um civil, que exigiram ficar com a carga em troca da liberação do motorista. Como esse último rejeitou o acordo, os policiais ordenaram que Pontes seguisse até a casa de Spacini em Londrina, onde exigiram propina para liberar a carga. Nesse momento, surgiu uma equipe de agentes da Polícia Federal, que prendeu Spacini e Pontes em flagrante. Na delegacia da PF, Pontes admitiu que Paulo Bernardo havia acompanhado o caminhão desde Mato Grosso do Sul. Uma equipe de agentes foi então designada para prendê-lo em casa.

Antes de levá-lo naquela noite de sábado, os policiais revistaram toda a casa, mas nada de suspeito foi encontrado. Curiosos cercavam o imóvel. Na delegacia, Paulo negou ter relação com o contrabando. Disse apenas ser dono das vigas de madeira que o caminhão transportava sobre o tanque. Semanas depois, deixou a prisão por conta de um *habeas corpus*. Ele e Pontes acabaram absolvidos pela Justiça — Spacini morreu antes da sentença. Os policiais foram condenados por concussão (exigir vantagem em função do cargo), mas também foram absolvidos pelo Tribunal Regional Federal (TRF) da 4ª Região.[1]

Com penas baixas e alta margem de lucro, o contrabando de café e uísque se alastrava pelo Brasil, tendo Londrina como um dos seus epicentros. Na época, a cidade efervescia, embalada pela riqueza do café, o "ouro verde". No período de duas décadas, a cidade paranaense mais do que dobraria de tamanho, de 135 mil habitantes em 1960 para 302 mil, vinte anos depois.[2] Fundada na década de 1930 por meio de uma empresa colonizadora de capital inglês, Londrina tornou-se polo econômico do recém-desbravado norte do Paraná e sua terra característica, vermelho-escura, com alto grau de fertilidade, propícia aos cafezais. Na safra 1961/62, a região colheu 21,4 milhões de sacas de café, quase um terço da produção mundial do

CABEÇA BRANCA   41

grão naquele período.[3] Corretores estacionavam seus Morris Minor importados da Inglaterra em torno da "pedra do café", uma praça no centro da cidade onde se estabelecia a cotação diária da saca do grão. Ao longo da avenida Higienópolis, brotavam as mansões dos grandes cafeicultores, construídas com matéria-prima trazida da Europa.

Tamanha prosperidade atraía famílias de outras regiões do Paraná e de todo canto do Brasil: paulistas, mineiros, gaúchos. Uma delas era a de Paulo Bernardo da Rocha, o Paulão, paranaense de Joaquim Távora. Casado com a mineira Terezinha Marques da Rocha, Paulo era motorista e também tratorista, o que obrigava o casal a mudar-se constantemente de cidade, conforme apareciam fretes ou empreitas no campo: foram pelo menos cinco municípios diferentes, todos no norte do Paraná. Em um período de 18 anos, o casal teve dez filhos, quatro homens e seis mulheres. Essas últimas carregam em alguma parte do nome as santas de devoção da dona de casa Terezinha, católica fervorosa: Nossa Senhora de Fátima e Nossa Senhora Aparecida. Já os homens têm Carlos no primeiro ou no segundo nome. Luiz Carlos da Rocha, o sétimo na ordem de nascimento dos filhos, veio à luz pontualmente às 6h da manhã do dia 11 de julho de 1959, pelas mãos de uma parteira, na casa dos Rocha em Uraí. Em 1966, a família finalmente fixou residência em Londrina, em uma casa simples de madeira no bairro Shangri-lá, zona norte da cidade.

Paulo Bernardo quis tirar o seu quinhão da febre do café. Montou um escritório de compra e venda do grão no Centro de Londrina e tornou-se corretor: comprava dos produtores e revendia para a indústria ou para exportadores. Para angariar clientes, o homem cultivou alguma simpatia, embora fosse difícil disfarçar o semblante casmurro, reforçado pela sobrancelha retesada e os lábios finos quase sempre pressionados. Amigos ainda hoje se lembram dele com os cabelos pintados de preto para disfarçar os fios grisalhos — característica que o filho Luiz Carlos herdaria — e o cigarro preso entre o dedo médio e o indicador da mão direita, uma vez que o polegar fora decepado em um acidente.

Por trás da corretagem de café de Paulo Bernardo, entretanto, havia outra atividade, muito mais lucrativa: o contrabando. No início dos anos 1960, como política de controle de preços, o governo brasileiro estabeleceu um imposto para exportação do café, chamado "quota de contribuição", no valor de US$ 22 por saca; no fim da década de 1970, a taxa havia subido para US$ 99,50. Somando-se aos outros impostos, quem exportava o café pelas vias legais lucrava Cr$ 300,00 (ou R$ 161, em valores corrigidos) por saca, em 1979. Era muito mais vantajoso levar o carregamento ilegalmente até o Paraguai e exportar pelo país vizinho, com tributos muito menores, e lucrar Cr$ 4 mil por saca (R$ 1.347). Isso explicava por que o Paraguai, governado pelo corrupto ditador Alfredo Stroessner entre 1954 e 1989, tornara--se um grande exportador de café — no primeiro semestre de 1979, o país exportou 208,9 mil sacas do grão apenas para Buenos Aires, embora só tenha produzido 6,8 mil sacas.[4] O contrabando era tão lucrativo que quadrilhas se especializaram em assaltar comboios de caminhões carregados com o grão com o objetivo de levá-los para o país vizinho.

No sentido contrário, do Paraguai para o Brasil, os contrabandistas traziam uísques de marcas famosas, falsificadas por fábricas clandestinas no país vizinho — em 1981, para cada litro da bebida importada legalmente, outros 11 chegavam ao país contrabandeados. A competição era brutalmente desigual: enquanto uma caixa de uísque legítimo importado era vendida ao consumidor por Cr$ 120 mil (R$ 13,9 mil), os contrabandistas ofereciam versões falsificadas da bebida por um terço desse valor.[5] Paulo Bernardo passou a unir as duas pontas na rota do contrabando: levava café do Paraná até o Paraguai, via Ponta Porã (MS), onde tinha escritório, e retornava com centenas de caixas de uísque falsificado. Os negócios ilícitos em Mato Grosso do Sul o aproximaram de Fahd Jamil Georges, brasileiro de origem libanesa, na época o maior contrabandista do Brasil,

CABEÇA BRANCA

conhecido como El Padrino. Fahd Jamil angariou fama ao construir, em Ponta Porã, uma réplica de Graceland, a mansão do cantor Elvis Presley em Memphis, Tennessee, nos Estados Unidos — o imóvel na fronteira é avaliado em R$ 6 milhões. Manteve relações comerciais ou de amizade com vários políticos do alto escalão paraguaio, do ditador Stroessner ao general Lino Oviedo. Ao ser preso em 1980 por contrabando em Londrina, muito antes da internet, o *capo* comprou os exemplares da revista *Veja* e do *Jornal do Brasil* destinados às bancas de Mato Grosso do Sul para impedir que a notícia chegasse à sua terra natal.[6] Em 2005, El Padrino fugiu depois que a Justiça brasileira o condenou por associação para o tráfico de drogas e lavagem de dinheiro. Só retornou a Ponta Porã quatro anos depois, após recorrer da sentença e ser absolvido.

Conforme a cotação da saca no Brasil e as taxas de exportação, outros grãos entraram no rol dos contrabandistas. Em julho de 1975, Paulo Bernardo falsificou notas fiscais de uma cerealista de Londrina para comprar cerca de 90 toneladas de feijão-preto de três empresas distintas. A carga foi distribuída em oito caminhões em Apucarana, também no norte do Paraná. No dia 13, o comboio rumou para Ponta Porã; à frente, Paulo Bernardo seguia como "batedor". No posto fiscal da divisa entre São Paulo e Mato Grosso do Sul, seguindo as instruções de Paulo, cada caminhoneiro entregou ao fiscal de plantão um envelope contendo uma folha em branco, em lugar das notas fiscais. O fiscal carimbou as folhas — indício de que havia sido subornado por Paulo — e os caminhões receberam então notas fiscais falsas, simulando que o carregamento saíra da cidade de São Paulo, e não do Paraná. Quando o comboio chegou em Ponta Porã, um militar do Exército corrompido por Paulo Bernardo passou a acompanhar a travessia dos veículos pela fronteira com o Paraguai — o objetivo, disse um dos motoristas à polícia, era simular um flagrante caso surgisse algum agente da Polícia Federal. As 90 toneladas de feijão foram descarregadas em um galpão de Pedro Juan Caballero, encorpando as exportações de grãos do país vizinho. O esquema passou a ser investigado depois que o dono da cerealista que teve as notas fiscais falsificadas denunciou a fraude à PF. Desta vez, Paulo Bernardo foi beneficiado pela lentidão da Justiça: quando chegou às mãos do juiz para a sentença, o caso já havia prescrito.[7]

* * *

Luiz Carlos começou a trabalhar ainda na adolescência com o pai no escritório de corretagem — e contrabando — de café, no edifício América, centro de Londrina, construído onde outrora fora onde a praça em que os corretores se reuniam com seus Morris Minor. Quando completou 18 anos, em 1977, ganhou do pai um Dodge Polara branco, zero quilômetro; seria o primeiro de muitos carros, quase todos brancos, sua cor preferida antes mesmo de ganhar o apelido que o tornaria famoso, embora já naquela época os primeiros fios alvos começassem a pipocar nas têmporas. Rochinha ou Luizinho, como era chamado, desfilava orgulhoso com o Dodge pelas ruas de Londrina — era o único da sua turma de amigos que tinha um automóvel — e nos fins de semana praticava o seu passatempo predileto: "rachas" a toda velocidade na avenida Harry Prochet, próxima ao lago Igapó. Também apreciava jogar "peladas" com os amigos (é torcedor fervoroso do Santos) e churrascos, sempre com muitas mulheres — era hábil galanteador, segundo os amigos —, e encontros em bares da avenida Higienópolis regados a cerveja e uísque (legítimo, frise-se). Segundo os amigos da época, Luizinho nunca usou drogas, nem mesmo aquelas mais leves, como maconha. (A abstemia é uma característica de todo grande narcotraficante. Afinal, não querem perder a lucidez no trato do seu negócio — embora gostasse de fumar um "baseado", Pablo Escobar nunca cheirou cocaína.)

Em 1978, Rochinha ingressou no Tiro de Guerra de Londrina. A rígida disciplina militar não tolheu sua personalidade brejeira: quando estava de guarda na madrugada, Rochinha, inscrito como o atirador número 97, fazia algazarra para não deixar os colegas dormirem e escondia peças do fuzil enquanto os demais atiradores montavam a arma, uma das etapas do treinamento. Quando faltava um mês para concluírem o Tiro de Guerra, Rochinha e um amigo abandonaram a guarda noturna e, mesmo fardados, saíram pela noite londrinense de carona com outro atirador. A dupla terminou em frente ao colégio Vicente Rijo, onde o colega estudava. A farda fez sucesso entre as garotas. Tudo corria bem até surgirem dois policiais militares em uma caminhonete Veraneio.

— Recebemos denúncia de que vocês estão atrapalhando as aulas no colégio — disse um deles.

— Ninguém tá tumultuando nada aqui — respondeu Rochinha. Diferentemente do amigo, ele aparentava uma calma surpreendente para a situação.

— Ligamos para o Tiro de Guerra e o subtenente pediu para passarmos aqui para pegar vocês.

Irônico, Rochinha ainda virou para o colega e comentou:

— Tá vendo, ainda arrumamos uma carona.

O subtenente os recebeu de pijama no Tiro de Guerra:

— Amanhã conversamos.

No dia seguinte, o subtenente os aguardava na sala de reunião. Assim que entraram, o homem dirigiu-se até o armário, de onde tirou três copos e uma garrafa de uísque. Da geladeira, pescou algumas pedras de gelo e as empilhou nos copos. Rochinha caiu na risada. Só aí o amigo se deu conta de que ele e o subtenente eram próximos — Rochinha costumava convidar o militar para churrascos na casa dele, no bairro Shangri-lá.

No início dos anos 1980, Paulo Bernardo construiu uma casa maior para a família em estilo neocolonial: o imóvel no Jardim Champagnat, zona oeste da cidade, tem dois pisos, sendo que o segundo pavimento é avarandado — embora não pertença mais aos Rocha, a residência preserva todas as suas características originais. Luiz Carlos comprou um Chevrolet Opala, um Passat e um Voyage (todos brancos), montou o seu próprio escritório de comércio de café no Centro da cidade, chamado Policafé, e iniciou o curso de graduação em administração de empresas em uma faculdade particular de Rolândia, município vizinho a Londrina, embora não tenha concluído os estudos. Na época, passou a frequentar o Canadá Country Club, tradicional ponto de encontro da elite da cidade.

Engatou namoro com Leila Luzia Payão, professora da rede estadual de ensino, e do relacionamento nasceu seu primeiro filho, Bruno César Payão Rocha, em julho de 1985 — exceto pelos cabelos brancos, é hoje, entre os filhos, o mais parecido fisicamente com o pai. O relacionamento amoroso se estendeu aos negócios. O pai de Leila, Faustino Pinto Payão, foi sócio da Agropecuária Rocha, criada em 1984 por Paulo Bernardo e por nove dos dez filhos, exceto Luiz Carlos. A empresa controlava duas fazendas na Chapada dos Guimarães (MT) que somavam 14,7 mil hectares. Mas o bebê nem havia completado um ano quando, em março de 1986, os pais se separaram. "Incompatibilidade de gênios", diria Luiz Carlos à polícia, pouco tempo depois. Leila não quis ser entrevistada para este livro.

* * *

A febre do café nos anos 1960 e 1970 também se refletia nos céus de Londrina. Diariamente, aviões de pequeno porte, como o Piper, eram carregados com até dez sacas do grão no aeroporto da cidade ou em pistas clandestinas da região e rumavam para Pedro Juan Caballero. O aeroclube de Londrina, quase tão antigo quanto a própria cidade, transformou-se em um ponto de encontro de pilotos especializados nesse tipo de transporte — o frete até o Paraguai no auge do contrabando chegou a US$ 15 mil por voo. Não eram raros os acidentes aéreos na região, em geral provocados por excesso de peso — certo dia, um Piper com treze sacas caiu no meio de um cafezal logo após decolar do aeroporto de Porecatu.[8]

No início da década de 1980, um empresário londrinense, Gilberto Yanes Cruz, percebeu que aquela rota aérea entre o norte paranaense e o Paraguai poderia ser utilizada para atividades mais rentáveis do que o contrabando de grãos. O cartel de Medellín, liderado por Pablo Escobar, vivia o seu auge, escoando mensalmente entre 70 e 80 toneladas de cocaína para os Estados Unidos.[9] A produção da droga era tão intensa — concentrada sobretudo em um grande laboratório na selva colombiana apelidado de Tranquilândia — que a produção colombiana de éter, acetona e ácido clorídrico, os principais precursores químicos utilizados na produção da cocaína, tornou-se insuficiente. Por meio de contatos no Paraguai e na Bolívia, Yanes soube dessa dificuldade do cartel e enxergou aí uma oportunidade de ganhar muito dinheiro.

Em uma época de pouco controle dos órgãos públicos sobre esses produtos, o empresário passou a comprar grandes quantidades de éter, ácido clorídrico e acetona em São Paulo e estocar o produto em um galpão de Jandira, cidade vizinha. Lá, os tambores, amarelos, eram pintados de azul e ganhavam rótulos de inseticidas. Com notas fiscais frias, a carga era transportada até empresas de Yanes em Londrina — nessa etapa, a acetona era acondicionada em embalagens plásticas com o adesivo "Detergente Yanes". O passo seguinte era levar os tambores em aviões até uma fazenda de Sebastião Spencer, contrabandista que aos poucos migrava para o tráfico, em Pedro Juan Caballero, Paraguai, ou pistas clandestinas na região de Santa Cruz de la Sierra, Bolívia, tarefa que cabia a cinco pilotos, chefiados pelo próprio Yanes. Por fim, os produtos seguiam por terra ou por outros aviões até laboratórios de Pablo Escobar na Colômbia. Já as aeronaves de Yanes retornavam abarrotadas de cocaína, que descarregavam em pistas clandestinas no norte do Paraná. A droga seguia em automóveis até São Paulo e o Rio de Janeiro — no fim de 1984, a Polícia Federal apreendeu 60 quilos da droga em um Volkswagen Brasília na via Dutra, a caminho do Rio. Gilberto Yanes seria o principal alvo da Operação Eccentric, da PF, deflagrada em fevereiro de 1985.[10] Mas o empresário morreu um mês antes, em um acidente aéreo no leste boliviano: o avião Baron não teria suportado o peso dos 600 quilos de cocaína que transportava.[11]

Naquele mesmo ano, o piloto Gerson Palermo, assíduo frequentador do aeroporto de Londrina e que mantinha amizade com os Rocha, decidiu criar seu próprio esquema para suprir a necessidade de precursores químicos dos cartéis colombianos e bolivianos: o éter e a acetona eram desviados de fábricas em São Paulo e levados até uma fazenda de Palermo em Rosário Oeste (MT), de onde seguiam de avião até a Bolívia — na volta, as aeronaves viajavam carregadas com cocaína. O esquema caiu no radar da Polícia Federal depois que agentes apreenderam em Londrina, na casa do contrabandista Idelício Gomes Novais, o Kojak, um papel com o nome e o telefone de Gerson Palermo. No total, a Operação Condor, da PF em São Paulo, indiciou 42 pessoas, inclusive o piloto, sequestrou dez aviões do esquema e apreendeu 209 tambores de éter e 81 de acetona.[12]

* * *

As operações Eccentric e Condor foram as primeiras tentativas da Polícia Federal em combater o narcotráfico em larga escala no Brasil. Naquela época, o foco ainda era a repressão ao contrabando, principalmente do café. Agentes passaram a atuar em barreiras ao longo das rodovias, sobretudo em Mato Grosso do Sul, para impedir a passagem de caminhões carregados com o grão rumo ao Paraguai. A estrutura da PF era precária. Os carros limitavam-se a Brasílias, Passats e Gols, muitos em más condições de manutenção e inapropriados para os caminhos de terra batida da fronteira. No tempo em que celular era item de ficção científica, a comunicação era feita por rádios HTs de pouco alcance, o que dificultava a comunicação. Cada agente recebia apenas meia diária para comprar alimentos, preparados em cozinhas improvisadas no meio do mato. Os policiais dormiam muito pouco e tomavam banho em riachos, não raro com a temperatura abaixo de zero.

CABEÇA BRANCA

Devido à verba escassa, muitas dessas operações eram financiadas pelo Instituto Brasileiro do Café (IBC), interessado em combater o contrabando do grão. Uma delas prendeu em flagrante Paulo Bernardo e o filho Sebastião, irmão de Luiz Carlos, em uma manhã de maio de 1986 próximo ao rio Apa, na região de Ponta Porã. Dois agentes da PF em campana viram na rodovia dois automóveis seguidos por quatro caminhões, todos em baixa velocidade. Não foi difícil para a dupla de policiais alcançar o comboio. Um dos veículos, com placas de Londrina, tinha Sebastião no volante e o pai no banco de passageiros. No carro, os agentes encontraram um revólver e um cheque assinado por Sebastião Spencer, narcotraficante parceiro de Gilberto Yanes em Ponta Porã. Os quatro caminhões levavam mil sacas de café da região de Presidente Prudente (SP) até o Paraguai. O processo acabaria arquivado.[13]

Naquela época, a família Rocha já flertava com narcotraficantes da região de Ponta Porã — além de Sebastião Spencer, o paraguaio Antonio Tallavera Romero, que negociou com Paulo Bernardo o carregamento de uísque falsificado em 1973, também tinha contra si registros na PF por tráfico de drogas e furto de veículos na região de fronteira. Mas o foco do clã ainda era o contrabando. Por esse crime, Luiz Carlos ganhou seu primeiro registro criminal. Na tarde do dia 4 de janeiro de 1987, um caminhão Mercedes-Benz amarelo, sem placas, carregado com 220 sacas de café, entrou no pátio de uma oficina nas margens da rodovia Raposo Tavares, em Regente Feijó, extremo oeste paulista. Vinha guinchado por outro caminhão, também carregado com o grão, dirigido por um homem de cabelos grisalhos e espetados, com grossas correntes douradas no pescoço alongado e nos pulsos: era Luiz Carlos da Rocha. O Mercedes-Benz estava com o câmbio avariado, explicou Luiz Carlos na oficina, e ele tinha pressa em consertá-lo para seguir viagem. Passados três dias, um dos mecânicos suspeitou que o destino da mercadoria fosse o Paraguai e telefonou para a PF. Quando os seis agentes chegaram à oficina, Luiz Carlos não estava mais lá. Os policiais constataram que a carga do Mercedes-Benz não possuía nota fiscal. Um dos mecânicos disse ter ouvido de Luiz Carlos a informação de que ele estava hospedado em um hotel no centro de Presidente Prudente, município vizinho. Lá, os agentes souberam pelos funcionários da recepção que Luiz Carlos e outros dois homens também de Londrina, todos com revólveres na cintura, haviam deixado o hotel no dia anterior. Na relação de telefonemas feitos pelo trio a partir do hotel, constava um número de Ponta Porã que, os policiais descobririam mais tarde, era de um conhecido contrabandista de café na fronteira. O caminhão e a carga foram apreendidos, e uma perícia constataria que o veículo havia sido adulterado, possivelmente após um furto ou roubo. Luiz Carlos e os outros dois foram indiciados por contrabando.

"Por que razão teria havido esses contatos telefônicos [...] no mesmo dia em que havia um caminhão sem placas nem documento fiscal e carregado com café?", questionou o delegado Roberto Gurgel de Oliveira em relatório entregue à Justiça. Em outubro daquele ano, dez meses após a apreensão, os mecânicos foram intimados para reconhecer Luiz Carlos e os outros dois homens. Estranhamente, nenhum deles reconheceu o trio. Em que pese o caminhão sem placas, a carga sem nota fiscal e os telefonemas de Luiz Carlos para um conhecido contrabandista na fronteira, o juiz André Nabarrete Neto rejeitou a denúncia do Ministério Público Federal. "Mesmo que se considere certa a hipótese de que o destino do caminhão carregado de café fosse o exterior, ainda que circunstâncias exteriores o indiquem e os réus o tenham admitido, não se têm mais que atos preparatórios do delito de descaminho", argumenta o magistrado. "A ação da Polícia Federal antecipou-se aos fatos." O Ministério Público Federal (MPF) não recorreu e o caso terminou nos arquivos da Justiça.[14]

Passado pouco mais de um mês do flagrante contra Luiz Carlos, outro filho de Paulo Bernardo seria preso em flagrante pelo mesmo crime. No fim da manhã do dia 11 de fevereiro de 1987, dois agentes da PF faziam patrulhamento na região de Ponta Porã quando viram

CABEÇA BRANCA

dois automóveis na rodovia em direção ao Paraguai. Chamou a atenção dos policiais o fato de que o motorista de um dos carros falava em um aparelho de radiotransmissor. Após uma rápida perseguição, os veículos foram parados pelos agentes. Na direção de um deles, havia um ex-policial civil, armado, com José Carlos da Rocha, irmão de Luiz Carlos, no banco do passageiro; no outro veículo, Ivan Carlos Mendes Mesquita, amigo de longa data da família Rocha, que, como Cabeça Branca, faria fama no tráfico de cocaína, anos depois. Havia todos os indícios de que o trio atuava como "batedor" de um carregamento de café contrabandeado. Poucos minutos depois, com reforço da Polícia Militar, os agentes conseguiram localizar, na mesma estrada, dois caminhões carregados com 450 sacas do grão. A nota fiscal da mercadoria informava que o café seria exportado para a França pelo porto de Santos — uma maneira de justificar o transporte, embora a carga seguisse rumo exatamente oposto ao do porto paulista. No total, nove pessoas foram denunciadas pelo MPF por contrabando. À Justiça, José Carlos disse que trabalhava com inseminação artificial de gado e que procurava emprego em fazendas da família Aguilar, que também conquistaria fama poucos anos depois por envolvimento com o tráfico de drogas. Na sentença, o juiz substituto da 2ª Vara Federal de Campo Grande Adenir Pereira da Silva considerou que, naquele início de 1987, por algumas semanas, o governo federal havia zerado a alíquota de exportação do café. "Logo, não houve dano ao erário", concluiu o juiz. Todos foram absolvidos.[15]

Ainda naquele primeiro semestre de 1987, Luiz Carlos abriria uma firma de "torrefação e moagem de café" em Aral Moreira, município vizinho a Ponta Porã, também na fronteira com o Paraguai, em sociedade com um primo, Geraldo Bernardo da Rocha, que teria papel importante nos negócios de Luiz, décadas depois, como se verá neste livro. Eram os anos derradeiros do contrabando de café no Brasil. O fim da ditadura de Stroessner no Paraguai, a queda nos preços do grão no mercado internacional, o fim da "quota de contribuição" para a exportação do produto e a redução dos cafezais no norte do Paraná diminuíram as margens de lucro daqueles que se aventuravam a levar o grão até o país vizinho.

Para os Rocha, um quinto fator foi decisivo para os irmãos homens abandonarem o contrabando: a morte trágica do patriarca. No início da noite de 10 de agosto de 1988, Paulo Bernardo, vencido pelo cansaço de uma longa viagem de 600 quilômetros desde Ponta Porã, dormiu ao volante e bateu de frente com um caminhão na rodovia que liga Londrina à vizinha Sertanópolis. Morte instantânea.

A família se desfez da casa no Jardim Champagnat — a essa altura, a maioria dos filhos já se casara e deixara o imóvel, incluindo Luiz Carlos, que passou a morar em um apartamento. A viúva, Terezinha, mudou-se para a área central da cidade em um edifício na rua Pará, onde vive até hoje.

Luiz Carlos vivia o seu inferno astral. Além do indiciamento por contrabando e da morte repentina do pai, meteu-se em uma confusão que mudaria por completo a sua vida, ao descarregar as balas de um revólver na cabeça de um policial federal.

3

Gato e rato

Naquele fim da noite de terça-feira, 30 de junho de 1987, Plácido Ladércio Soares, então com 29 anos, pagou a conta no Café Set, tradicional bar da avenida Higienópolis, em Londrina — uma porção de picanha, dois chopes e uma água mineral —, e pediu para o garçom lhe chamar um táxi, pois seu carro estava na oficina. Soares, agente da Polícia Federal havia sete anos, investigara por aqueles meses grupos de contrabandistas de café na cidade, entre eles Paulo Bernardo e Luiz Carlos. Por isso, pouco antes de sair, o policial não disfarçou o semblante de reprovação quando viu esse último no mesmo bar, sozinho, tomando cerveja. Por coincidência, Soares morava no mesmo prédio de Leila, a ex-mulher de Luiz Carlos, e não era raro topar com o seu alvo nas escadas do edifício de três andares, em visitas ao filho Bruno, ainda bebê.

Desde criança Soares sonhava em ser policial. Aos 14 anos, com o salário do primeiro emprego, matriculou-se em um curso de detetive por correspondência; aos 16, convenceu o delegado de Campo Mourão (PR), onde residia, a deixá-lo trabalhar voluntariamente como escrivão no cartório da delegacia. Cinco anos depois, formou-se policial federal e foi escalado para trabalhar na região de Ponta Porã. Em pouco tempo, acabou transferido para Londrina. Soares participou da Operação Eccentric; ele foi um dos policiais que invadiram a casa do traficante Gilberto Yanes para cumprir mandado de busca e apreensão na manhã do dia 27 de fevereiro de 1985. Jovem e solteiro, Soares gostava da noite. Nessas ocasiões, admite, costumava se envolver em confusão. "Eu nunca fugi de briga. Só que nessas ocasiões eu procurava deixar de lado o meu cargo e, num gesto simbólico, tirava a minha carteira de polícia do bolso e a arma da cintura e entregava a alguém que estava por perto, geralmente algum amigo, e partia pro pau no mano a mano. E o pior para quem me provocava é que eu nunca apanhava, eu sempre batia", disse ele ao autor deste livro, em entrevista por e-mail.

Naquele dia 30, entretanto, tudo deu errado. Soares esperou pelo táxi por menos de dez minutos em frente ao bar. Já era perto da meia-noite e poucos carros cruzavam a avenida. As sibipirunas e flamboyants cobriam as lâmpadas dos postes, o que deixava escuro o cenário. Mesmo assim, o agente notou a aproximação de um homem. Quando chegou a menos de três metros de distância, identificou Luiz Carlos pelos cabelos brancos.

— Sei quem você é, preciso conversar com você — disse o então contrabandista. Segundo Soares, ele não tinha sinais de embriaguez.

— Também sei quem você é, e por isso não quero papo com vagabundo — retrucou o policial.

— Vamos fazer um acerto — insistiu Luiz Carlos. A palavra "acerto" foi ouvida por um flanelinha a poucos metros. Soares entendeu o termo como oferta de suborno, e reagiu irritado:

— Some daqui!

Nesse momento, na versão de Soares, o interlocutor abandonou a calma:

— Vocês da Polícia Federal são todos uns merdas! Você banca o machão por causa dessa arma na cintura!

— Não seja por isso!

O policial, que lutava karatê, repetiu o gesto de situações "pré--briga" como aquela: tirou o revólver calibre 38 do coldre, colocou

CABEÇA BRANCA

no teto de um Fiat Uno vermelho, estacionado na avenida, e foi para cima de Luiz Carlos, acertando o seu olho direito com um soco. Os dois começaram então uma série de socos e chutes. Na confusão, Luiz Carlos conseguiu alcançar o revólver sobre o automóvel e, sem dizer nada, apontou para o policial. Mesmo assim, Soares não se deu por vencido e novamente partiu para cima do contrabandista, tentando pegar de volta o revólver. Luiz Carlos disparou a arma três vezes: o primeiro tiro passou de raspão pela face esquerda de Soares e chamuscou o seu cabelo; os outros dois entraram pelo queixo esquerdo.

"Ele pensou que, apontando a arma para mim, eu iria me intimidar e pedir para que ele me devolvesse o revólver, deixasse isso pra lá e coisa e tal, mas quando percebeu que eu investi contra ele, acho que ele ficou com medo de apanhar e disparou instintivamente para se defender", lembra o agente.

Logo após os disparos, Luiz Carlos, assustado, fugiu com o revólver.

Soares percebeu que sangrava e voltou caminhando para o bar; pensava que as balas haviam atingido o seu rosto de raspão. Um dos garçons pegou uma toalha da mesa e enrolou no rosto do policial para estancar o sangue, enquanto o dono do bar o levava às pressas para o Hospital Evangélico. Uma radiografia constatou as balas alojadas no pescoço, a milímetros da artéria carótida. Como ele jantara havia pouco tempo, os médicos optaram por fazer a cirurgia apenas na manhã seguinte — Soares ficou a noite toda com a cabeça imobilizada. Bem-sucedido, o procedimento de retirada das balas deixou apenas uma discreta cicatriz no queixo.

Ainda naquela madrugada do dia 1º, Luiz Carlos fugiu para Ponta Porã, pois temia ser preso em flagrante. Três dias depois, com um advogado, ele foi à 10ª Subdivisão Policial de Londrina, entregou o revólver de Soares e deu sua versão do caso. Segundo ele, durante a briga, foi o próprio policial quem acionou o gatilho da arma, acertando de raspão um dos dedos de Luiz Carlos e em seguida o queixo do próprio atirador — hipótese que seria descartada pela perícia.

Em um primeiro momento, tanto a Polícia Civil quanto a Federal passaram a investigar o caso — somente três anos depois é que o inquérito ficou em definitivo com a Civil. Luiz Carlos foi denunciado pelo Ministério Público Estadual por tentativa de homicídio, e em 1993 o juiz Edson de Jesus Deliberador, da 1ª Vara Criminal de Londrina, decidiu levá-lo a júri popular. A defesa do réu recorreu ao Tribunal de Justiça, que manteve a decisão. A burocracia e os recursos atrasaram o julgamento. Somente na manhã do dia 27 de maio de 1998, mais de dez anos após a briga, é que Luiz Carlos encarou o júri popular no Fórum de Londrina. Diante dos sete jurados, o réu repetiu a versão: o policial estava bêbado, chamou-o de "vagabundo" e tentou atirar nele, atingindo sua mão de raspão, e em seguida ocorreram os tiros que atingiram Soares no queixo — no depoimento que consta da ação penal, Luiz Carlos não admite ter feito os disparos: "Que durante a luta corporal foram disparados mais dois tiros; que acredita que esses é que atingiram a vítima." Em sua manifestação, o promotor Janderson Camões de Carvalho Yassaka, possivelmente antevendo a absolvição do réu, pediu aos jurados que, em vez de condenado por tentativa de homicídio, Luiz Carlos recebesse pena por lesão corporal. Não adiantou. Às 11h45, o juiz Jurandyr Reis Júnior anunciou o resultado do julgamento: o réu foi absolvido por unanimidade. Como não houve recurso do Ministério Público, a ação penal foi arquivada.[1]

Soares deixou a Polícia Federal em 1989. Ele nega que o entrevero com Luiz Carlos tenha motivado sua decisão: "Depois de quase 10 anos de guerra, eu já estava cansado daquilo e meu lado crítico e contestador a respeito do funcionamento da segurança pública no Brasil começou a ganhar espaço", disse a este autor.

Na época, ele ajudou na criação do diretório do Partido Liberal em Londrina. Coordenou a campanha do então candidato à Presidência pelo partido, Guilherme Afif Domingos, no norte do Paraná e, ao mesmo tempo, disputou uma vaga na Câmara de Vereadores de Londrina. Não foi eleito. Estudou direito e, desde 1991, é advogado em Curitiba.

CABEÇA BRANCA

A Polícia Federal não perdoaria o atentado de Luiz Carlos contra um de seus integrantes. O próprio contrabandista sabia do risco de uma revanche: após o entrevero com Soares, mesmo tendo se apresentado à Polícia Civil pouco tempo depois, procurou sempre ficar longe de Londrina, passando temporadas em Ponta Porã, Mato Grosso e Bahia. Começava uma rivalidade que atravessaria três décadas e só cessaria com a prisão de Luiz Carlos, na manhã de 1º de julho de 2017.

* * *

Quando Luiz Carlos da Rocha encarou o Tribunal do Júri, já era pai de três filhos: além de Bruno, nasceram Rafael, em maio de 1992, e Luíza, em julho de 1996, do seu relacionamento com a empresária Márcia Cristina Pigozzo, também de Londrina. O contrabando de café ficara no passado e, comparado aos seus negócios posteriores, soaria uma aventura romântica. O declínio do transporte ilegal do grão para o Paraguai coincidiu com o avanço da cocaína como a droga da moda nos grandes centros do Brasil, sobretudo nas classes média e alta, invadindo as boates paulistanas e os bailes cariocas. No início, era um esquema amador, quase artesanal: pequenos traficantes cuidavam tanto do transporte da droga da Bolívia e Paraguai até Rio e São Paulo quanto da venda para o consumidor final — na agenda apreendida em 1979 com um atravessador de Corumbá (MS) havia uma longa relação de clientes, de jurada de programa de TV a industriais, passando por executivos de bancos, atores e médicos.[2] Pontos de venda de droga se espalhavam não só nas favelas da zona sul do Rio, mas também nos endereços mais requintados: hotéis do Leme, ruas de Copacabana, apartamentos no Leblon.[3] Nem a morte da cantora Elis Regina, em janeiro de 1982, por overdose de cocaína, refreou o consumo crescente.

Naturalmente, o aumento da demanda levou a uma profissionalização da oferta: antigos contrabandistas de café e uísque da região de Ponta Porã, como João Morel e Idelício Gomes Novais, o Kojak, passaram a utilizar a logística do transporte do grão, com seus caminhões, aviões e rotas já estabelecidas, para trazer cocaína da Bolívia e do Paraguai até fazendas em Mato Grosso, Mato Grosso do Sul, São Paulo, Paraná e Triângulo Mineiro, e desses pontos até Rio, São Paulo e o porto de Santos, rumo aos também emergentes mercados europeu e norte-americano. Ao contrário da vulnerabilidade e violência associadas ao pequeno traficante no varejo, o narcoatacadista vale-se do grande capital gerado no escoamento da cocaína para criar relações políticas e empresariais que lhe conferem poder e respeito social — muitos são vistos como grandes empresários e fazendeiros, "pessoas de bem" relevantes para o bom funcionamento das relações econômicas. Luiz Carlos seguiu esse caminho. Associou a cor dos cabelos à da droga que se especializou em comprar e vender. Em poucos anos, Cabeça Branca já era uma grife respeitada e temida entre os maiores narcotraficantes da América do Sul.

* * *

A primeira investigação contra o agora narcotraficante Cabeça Branca data de 1991. Naquele ano, agentes da Polícia Federal em Londrina descobriram o endereço de uma fazenda em Bela Vista (MS) utilizada por ele para trazer cocaína da Bolívia e do Paraguai. Um grupo de policiais ficou por vários dias em campana no meio da mata, próximo à sede da fazenda, onde havia uma pista de pouso, mas nada de anormal foi encontrado. Aproximar-se de Cabeça Branca e vê-lo escapar logo em seguida seria a tônica de dezenas de investigações da PF contra ele.

Desde aquela época o narcotraficante se mostrava um criminoso diferenciado: costumava cooptar policiais para os seus negócios, era muito discreto e, muito antes dos celulares, preferia sempre os orelhões, difíceis de rastrear — ele costumava ir à sede da empresa de telefonia de Londrina para usar os seus mais de dez telefones

CABEÇA BRANCA

públicos, um para cada contato no tráfico — ou se valia de telefones satelitais, da marca Iridium, à prova de grampo. Enquanto isso, a polícia engatinhava na interceptação de telefones comuns, com o uso de gravadores em fita cassete, o que tirava o sono de muitos analistas da PF: a cada meia hora, era necessário virar a fita de lado ou trocá--la. O dinheiro do tráfico, segundo esses agentes, hoje aposentados, era lavado em empresas lícitas mantidas por ele: em 1990, Cabeça Branca abriu uma empresa de importação e exportação de rolamentos de motores em Apuracana, norte do Paraná, em sociedade com o irmão Sebastião e a mãe Terezinha. Oito anos mais tarde, usando um laranja, compraria uma fazenda no norte do Paraná por meio de dois procuradores: um primo de Cabeça Branca e Maria Aparecida Dias, viúva de Kojak, o contrabandista-traficante assassinado na fronteira com o Paraguai, em 1993. Maria Aparecida seria alvo de outra operação da PF contra o tráfico, a Águas Profundas, em 2014, que investigou um esquema de transporte de toneladas de cocaína por meio de um submarino construído na África.

* * *

No início de 1991, o agente João Gretzitz, da Polícia Federal, viajou para o norte de Mato Grosso a fim de obter informações sobre aliados do "embaixador" do megatraficante Pablo Escobar no Brasil: o também colombiano José Roosevelt Rendon Robayo, radicado em Porto Alegre. Cabia a Robayo encontrar rotas alternativas para escoar até os Estados Unidos e Europa os milhares de toneladas de cocaína produzidos mensalmente pelo cartel de Medellín, uma vez que a rota tradicional, pelo Caribe, vinha sendo muito vigiada pela polícia antidrogas norte-americana, a Drugs Enforcement Administration (DEA). Mesmo confinado no presídio-mansão construído pelo próprio Escobar nos arredores de Medellín, batizado La Catedral, o cartel ainda era o maior e mais poderoso da Colômbia.

Ao acompanhar a rotina de Robayo pela região Sul do Brasil, a PF soube que o colombiano valeu-se de Edson Almeida Karpinski, piloto com larga experiência no transporte aéreo de cocaína, para aliciar um advogado em Cuiabá chamado José Ribeiro Vianna. O advogado era útil aos planos de Robayo, porque mantinha relação estreita com a cúpula da PF, especialmente os delegados Winston Lucena Ramalho e Elton da Silva Jacques, e com o Judiciário em Mato Grosso — Vianna costumava pagar viagens de juízes do interior do estado para a Disney, na Flórida.

O advogado utilizava um doleiro de Curitiba para movimentar o dinheiro do narcotráfico. Ao cumprirem um mandado de busca no escritório do doleiro, os agentes encontraram uma longa relação de telefones da Colômbia e rotas de voos de Karpinski para Cali e Medellín. Com a ajuda da DEA, que cedia combustível para os carros da polícia brasileira e compartilhava informações sobre o braço do cartel no Brasil, criou-se um escritório de inteligência na capital de Mato Grosso.

O problema é que o advogado Vianna não falava nada pelos telefones que a PF interceptara com autorização judicial. Luiz Pinelli, agente que integrava a equipe de investigação, alugou uma sala comercial vizinha à que o advogado mantinha em um edifício arredondado no centro de Cuiabá. Por dias, ficou trancafiado no local, observando pelo olho mágico da porta a movimentação de Vianna pelo corredor. Com o auxílio de um agente do serviço de inteligência do governo federal, Pinelli inseriu um pequeno gravador de voz na ponta de uma haste e, pelo lado de fora do prédio, alcançou a janela do doutor Vianna, bem ao lado — apesar de improvisada, a medida fora autorizada pela Justiça. Foi assim que os agentes descobriram os novos planos do grupo: no dia 12 de maio de 1991, Karpinski e outro piloto partiram de Umuarama (PR) para Campo Grande (MS) em um avião monomotor. Na capital de Mato Grosso do Sul embarcou João Carlos Morel, conhecido traficante de drogas na região de Ponta Porã (MS), e todos rumaram para Cuiabá, onde se encontraram

CABEÇA BRANCA

com Silvestre Granato, dono de madeireiras na cidade e gerente de logística da quadrilha, uma espécie de faz-tudo do doutor Vianna. Pinelli acompanhou Silvestre e Morel até uma fazenda desse último no município de Vera, vizinho a Sinop, norte de Mato Grosso. A suspeita era de que o grupo transportasse a cocaína escondida em carregamentos de madeira da empresa de Granato.

Era preciso evitar que a investigação chegasse aos ouvidos da Superintendência da PF em Cuiabá — havia dezoito policiais da repartição envolvidos no esquema. Ramalho costumava deslocar equipes de agentes para longe de Vera sempre que havia movimentação de carregamentos de cocaína e produtos químicos pela quadrilha na região. Quando vinham policiais de outros estados para investigar a quadrilha, ele logo tratava de avisar Vianna e Granato.

Em agosto daquele ano, a base da PF em Cuiabá notou uma grande movimentação da quadrilha. Vianna mantinha encontros quase diários com o delegado Ramalho, em busca de informações sobre barreiras da PF entre a capital de Mato Grosso e a Região Nordeste. Enquanto isso, um dos pilotos do grupo — Karpinski, àquela altura, já havia sido preso em flagrante com US$ 170 mil no Paraná — disse ao telefone que iria até a "fazenda onde estavam os nelores", gíria para cocaína. Uma equipe da PF foi até a fazenda no município de Vera, mas a campana foi abortada devido ao risco de os agentes serem notados. No dia 18 daquele mês, Granato viajou para Fortaleza; Pinelli embarcou no mesmo voo. No segundo dia de vigilância, o agente e outros policiais suspeitaram de um caminhão estacionado em um posto de combustível onde Granato havia estado na véspera: Pinelli havia visto aquele mesmo veículo meses antes, durante campana em Cuiabá. O veículo estava carregado com inhame. Quando os agentes quebraram um deles ao meio, um pó branco e muito fino espalhou-se pelo chão. Era cocaína, um total de 646 quilos, a maior apreensão da droga no Brasil até então.[4]

A sofisticação do disfarce impressionava. Primeiro os traficantes embalavam a cocaína, fabricada em laboratórios do cartel de Medellín, em tabletes compactados, com peso total de um quilo. Depois acondicionavam em nova embalagem de alumínio, a vácuo. Esses pacotes eram forrados com várias camadas de papel jornal e fita plástica bege e, em seguida, por plástico incolor e uma nova fita bege claro que imitava papel crepom. Essa última fita absorvia finíssimos grãos de argila. O formato irregular (28 centímetros de comprimento por 14 de diâmetro) finalizava o perfeito disfarce de inhame. Essas falsas raízes seriam misturadas a inhames de verdade e embarcadas no porto do Mucuripe, em Fortaleza, com destino a Nova York.

Todos foram denunciados pelo Ministério Público por tráfico e associação para o tráfico. Mas, em dezembro de 1991, o juiz da 4ª Vara Federal de Fortaleza, Agapito Machado, absolveu o grupo, determinando sua imediata soltura. Ele alegou que as escutas telefônicas foram ilegais, mesmo tendo autorização judicial. O Ministério Público recorreu e, em fevereiro de 1992, o Tribunal Regional Federal da 5ª Região condenou Granato e mais dois do bando, mas manteve as absolvições do advogado Vianna e do delegado Ramalho por falta de provas.[5] Apesar de inocentado na Justiça, o delegado foi expulso da Polícia Federal e atualmente advoga em Cuiabá. Vianna morreu em 2019, aos 70 anos, vítima de infarto.

Durante o trabalho de vigilância da PF na fazenda do esquema em Vera, um informante deu ao agente Gretzitz um bilhete com um número de telefone e o nome do proprietário da linha: Cabeça Branca. O policial, que até então nunca ouvira falar no traficante, pediu que um agente da DEA apurasse as linhas de telefone com os quais aquele número tivera contato nos últimos meses. Uma semana depois, o policial da DEA deu retorno:

— Esse número é muito bom! — disse, sem entrar em detalhes.

Para Gretzitz, é certo que Cabeça Branca utilizava a pista de pouso da fazenda de João Morel para escoar suas cargas de cocaína. Mas nunca se soube se o *capo* de fato participou do esquema de exportação de cocaína oculta em inhames do cartel de Medellín. Mais um mistério a cercar o enredo do megatraficante brasileiro.

CABEÇA BRANCA

* * *

No início de 1996, Cabeça Branca – ou Luiz Carlos, como era conhecido no meio policial – voltaria ao radar da delegacia da PF em Londrina. Um grupo de agentes antitráfico, chefiados por Irineu Pesarini, descobriu que Luiz Carlos vinha comandando o envio de toneladas de cocaína para o Rio de Janeiro. A droga saía da Bolívia em pequenos aviões, que pousavam em fazendas dele no interior de Mato Grosso; de lá, a carga seguia oculta em caminhões até a capital fluminense, passando pelo interior paulista ou norte do Paraná. Com autorização judicial, a PF grampeou o telefone do apartamento de Cabeça Branca na rua Pará, centro de Londrina, e de dois de seus gerentes que também moravam na cidade paranaense (aparelhos celulares ainda eram raridade na época).

Ao interceptar as conversas, os policiais descobriram que, em fevereiro daquele ano, o traficante levara maquinário pesado de Londrina até Mato Grosso – possivelmente para ampliar a pista de pouso da fazenda, que recebia os aviões com a droga. Sempre que pretendia enviar um carregamento de cocaína para o Rio, Cabeça Branca ia para o Centro-Oeste, e só quando a carga chegava em segurança ao destino é que retornava a Londrina para comemorar com seus gerentes, em fartas churrascadas.

Pesarini e outro agente da PF chegaram a seguir um dos caminhões a serviço do traficante na tentativa de descobrirem a localização da fazenda dele em Mato Grosso, mas no meio do trajeto o caminhoneiro notou que estava sendo seguido e denunciou a dupla em um posto da polícia rodoviária. Enquanto isso, outros policiais federais vigiavam a entrada do prédio onde morava Cabeça Branca no Centro de Londrina. Os agentes estranhavam o fato de o *capo* não falar nada no telefone do apartamento dele. Até que, certo dia, a PF captou uma conversa da mãe do traficante, que morava um andar acima, no aparelho do apartamento do filho:

— O Luiz tá lá em cima no telefone.

Só então os agentes se deram conta de que Cabeça Branca utilizava o aparelho da mãe, e não o dele, para tratar de seus negócios ilícitos. O número da mãe também foi interceptado, mas a medida pouco contribuiu para a investigação: nos seus telefonemas, o traficante era extremamente econômico nas palavras. Já seus gerentes, nem tanto. Por eles, os policiais descobriram que, no início de março, um dos caminhoneiros do esquema, Valdir Brussulo, viajara até Mato Grosso para mais um transporte de cocaína até o Rio. Na noite de 7 de março, quinta-feira, Brussulo chegou com o seu caminhão vazio em Porecatu, cidade na região de Londrina onde ele morava. Discretamente, Pesarini e dois policiais passaram então a vigiar todos os passos do veículo.

No início da manhã seguinte, Brussulo e a mulher saíram com o caminhão. Depois de duas paradas, o veículo foi até uma cooperativa agrícola em Cambé, cidade vizinha a Londrina, onde seria carregado com trigo rumo ao Rio de Janeiro. Antes disso, porém, os três agentes da PF abordaram Brussulo. Na lateral dianteira da carroceria, os policiais notaram parafusos e pintura novos. Era o compartimento feito para ocultar os tijolos com cocaína, em um total de 76 quilos da droga. Brussulo e a mulher foram presos em flagrante – ela seria absolvida, enquanto o marido acabou condenado a seis anos de prisão.[6]

Cabeça Branca não é mencionado pela PF na ação penal contra o caminhoneiro. Os agentes tinham a expectativa de prendê-lo naqueles dias e por isso não queriam alertá-lo. Ao saber da perda da droga, o traficante reclamou com um dos seus gerentes sobre a falta de cuidados ao telefone:

— Seu boca-aberta, eu falei que não era pra falar nessa linha!

Foi o último diálogo captado na investigação. Depois disso, Cabeça Branca sumiu, provavelmente para os confins de Mato Grosso.

Naquela época, o traficante dava os primeiros passos para se tornar um dos grandes atacadistas de cocaína do Brasil. Um ano antes do flagrante em Cambé, em 1995, policiais italianos estiveram no Brasil

CABEÇA BRANCA

para investigar as relações de Luiz Carlos da Rocha com um *narco* da Itália, Francesco de Cesare. A suspeita seria de que Cabeça Branca era sócio do congênere italiano na exportação de cocaína e o auxiliava na lavagem de dinheiro no Brasil, mas a investigação não foi aprofundada.

De concreto, uma equipe de policiais federais do Rio de Janeiro desvendou a ponta final de parte da logística do traficante na capital fluminense, entre outros possíveis clientes: Cabeça Branca fornecia cocaína pura para uma quadrilha de portugueses, que, por sua vez, enviavam a droga do Rio para Lisboa por meio de "mulas" em voos comerciais.

Às 18h30 do dia 29 de novembro de 1995, dois agentes da PF fiscalizavam o embarque de passageiros de um voo da TAP com destino a Portugal no aeroporto do Galeão quando viram se aproximar um funcionário da companhia aérea. O homem disse que o aparelho de raios X para as malas já despachadas havia detectado conteúdo suspeito em uma bagagem: dezenas de embalagens uniformes retangulares, em forma de tijolos. A mala pertencia a um português, que já havia embarcado com a mulher e um filho menor. Os dois policiais foram até a aeronave, ainda em procedimento de embarque, e levaram toda a família para a sala da PF. A mala foi então aberta na frente do português: dentro, dezenas de tabletes com cocaína protegidos por travesseiros — não havia roupas nem outros objetos. Diante do choro compulsivo da mulher e da criança, o "mula" português decidiu confessar a posse da droga e disse que havia outro conterrâneo no mesmo voo, cuja mala também estava carregada com cocaína. Como o avião já taxiava na pista, os agentes acionaram a torre de controle do aeroporto, que deu ordem para o piloto suspender a decolagem. Os policiais entraram na aeronave e também levaram o português e sua mulher para a sala da Polícia Federal, acompanhados da mala. Ao abrirem a bagagem, encontraram mais dezenas de tabletes da droga, também protegidos com travesseiros. Um total de 84,6 quilos de cocaína pura. Os dois portugueses disseram que transportavam a droga para um conterrâneo chamado

"Manollo" e que ganhariam US$ 2 mil para cada quilo transportado. Com um deles, os policiais encontraram duas agendas — em uma delas, havia sete números de telefones associados a "Duarte".

Os números foram entregues pelo delegado da Polícia Federal no Rio de Janeiro Luiz Cravo Dórea ao analista Robson Cerqueira. Na época, a Delegacia de Repressão a Entorpecentes (DRE) no Rio possuía dois bancos de dados, um informatizado e outro ainda em fichários de papel, guardados em grandes armários de metal. Cerqueira constatou que um dos telefones pertencia a um narcotraficante colombiano que fora investigado pela PF de Juiz de Fora (MG); outro, a um espanhol investigado pela DEA; e um terceiro, de Sant'Ana do Livramento (RS), associado a "Maria Aparecida", embora estivesse em nome do português José Manuel da Silva Viegas Duarte — posteriormente, os agentes saberiam que Maria Aparecida fora casada com Duarte e que cabia a ela arregimentar "mulas" no sul do Brasil a fim levar cocaína para a Europa. A cidade de Sant'Ana do Livramento está colada na fronteira com o Uruguai — apenas uma rua a separa de Rivera, já no país vizinho. Aquele mesmo número de telefone havia surgido em outra investigação da PF do Rio Grande do Sul, em conjunto com a polícia uruguaia, que levou à apreensão de 250 quilos de cocaína no início dos anos 1990.

Quase um ano após o flagrante no Galeão, em 24 de outubro de 1996, por volta das 19h, três malas despachadas para um voo da Varig no mesmo aeroporto, também com destino a Lisboa, chamaram a atenção de um grupo de agentes da PF ao passarem pelo aparelho de raios X. Pelo ticket das bagagens, os policiais descobriram que as malas eram de um casal português, que já embarcara. Os dois foram retirados da aeronave e levados até o galpão de bagagens do Galeão. Dentro das três malas, 44,6 quilos de cocaína em tabletes, envoltos em travesseiros, como no flagrante de 1995. Assustado, o "mula" disse que ganharia US$ 20 mil pela viagem — US$ 4 mil antes do embarque e o restante após a entrega da cocaína em Portugal — e que recebera a droga de outro português: José Manuel da Silva Viegas Duarte. O casal seria condenado por tráfico internacional de drogas.

CABEÇA BRANCA 67

Por determinação do Ministério Público Federal, a PF passou a investigar Duarte; era o início da Operação Conexão Portuguesa.[7] Outrora capitão da marinha mercante lusa, Duarte mantinha negócios no Brasil desde a década de 1970 e possuía um patrimônio imobiliário considerável na América do Sul: um apartamento em Copacabana, no Rio de Janeiro; três em Cabo Frio, no litoral fluminense; um prédio com 61 apartamentos em Salvador e uma fazenda na região de Yby Yaú, Paraguai. Em Portugal, Duarte era conhecido pelo apelido de "Grego" e tinha péssimos antecedentes: era foragido da Justiça depois que a polícia lusa apreendeu um carregamento de 2,6 toneladas de haxixe oculta por Duarte em um barco pesqueiro na Ilha dos Açores, em julho de 1993 — ele fora condenado a 11 anos e meio de prisão no caso. Por conta desse mandado, o Supremo Tribunal Federal decretou sua prisão, e o português passou a ser considerado foragido.

Em pouco tempo a PF começou a desenrolar o fio dos esquemas ilícitos de Duarte no Brasil. O "mula" detido com 44,6 quilos de cocaína era um dos proprietários da lanchonete e restaurante Nogueira, em Copacabana, zona sul do Rio, ao lado da mulher de Duarte, do brasileiro Francisco José Lopes, um ex-garçom do próprio estabelecimento, e de dois estrangeiros: o francês Eric Jean Claude Hachimi e o espanhol Virgilio Cayuela Avilez. Hachimi também possuía um restaurante em Castelló d'Empúries, norte da Espanha, e era cunhado de Raymond Mihière, o Chinês, um dos maiores narcotraficantes da França na época. Violento, Mihière seria preso por um homicídio em Marselha no início da década de 1990 — ele seria detido novamente em 2012, ao lado da mulher Valérie, irmã de Hachimi, acusados de comandar um esquema para enviar, anualmente, pelo menos 420 quilos de cocaína peruana para a Europa, de acordo com a Guarda Civil espanhola.[8]

À PF, Hachimi disse conhecer o português Duarte havia dez anos, apresentado por um amigo em comum, o espanhol Avilez. Segundo a polícia francesa, Avilez era sócio de Mihière, cabendo a ele a logística do transporte da maconha produzida no Marrocos para a França.

Com autorização judicial, agentes da delegacia da PF em Sant'Ana do Livramento interceptaram as ligações do telefone utilizado pela ex-mulher de Duarte, Maria Aparecida, na cidade fronteiriça. No início da manhã do dia 27 de outubro de 1997, o português telefonou para a ex-mulher. Maria Aparecida sugeriu a ele um "local pequeno" do lado brasileiro da fronteira — não fica claro qual seria esse lugar nem sua finalidade:

— É desativada, mas coisa pequena — disse a mulher.

— [...] Agora escuta, mas o meu amigo tá querendo ir lá pro outro... Naquele que eu falei, no Rou [Rivera, já no Uruguai].

Poucos minutos depois, Duarte voltou a contatar a ex-mulher. Quem atendeu a linha foi outra pessoa:

— Dê o recado [a Maria Aparecida] que eu vou lá à uma da tarde — disse o português.

— Onde?

— Lá em Rosário.

Imediatamente, policiais federais rumaram para o aeroporto de Rosário do Sul, a 107 quilômetros de Sant'Ana do Livramento. Às 14h, os agentes notaram a chegada do automóvel de Maria Aparecida; meia hora mais tarde, surgiu no céu um avião Seneca. Assim que pousou, a aeronave foi cercada pelos agentes, todos armados. Não houve reação. Duarte saiu primeiro, as mãos na cabeça; sua mulher à época, Maria Inês, veio em seguida — ambos usavam documentos com nomes falsos — com os dois filhos do casal. A surpresa maior viria em seguida: da portinhola do Seneca surgiu um homem magro, de cabelos marcadamente alvos — era Cabeça Branca, acompanhado da ex-mulher, Márcia Pigozzo, e dos filhos do casal, Rafael, que na época tinha 5 anos, e Luiza, um bebê com pouco mais de 1 ano. O avião era conduzido por um conhecido piloto a serviço do narcotráfico em Ponta Porã.

CABEÇA BRANCA

Àquela altura, a PF ainda não sabia, mas a fazenda do português Duarte era vizinha à Estância Suíça, a mais conhecida das propriedades rurais de Luiz Carlos da Rocha, com 1,2 mil hectares, na região de Yby Yaú, Paraguai. Segundo a versão que Duarte e Cabeça Branca apresentaram à PF naquele dia, o português convidou o vizinho fazendeiro para passear com a família no Rio Grande do Sul. No dia 26, os dois rumaram de carro até Londrina, onde Luiz Carlos encontrou-se com a ex-mulher e os dois filhos, além de Duarte com a atual mulher, que viera de ônibus desde o Rio de Janeiro. Na manhã seguinte, todos foram até o aeroporto de Cornélio Procópio, cidade vizinha, onde o Seneca os aguardava, por ordem de Cabeça Branca.

— Queríamos apenas dar um passeio de dois dias por Sant'Ana do Livramento e Rivera — disse o paranaense.

Do Sul, afirmou Maria Inês, o grupo pretendia seguir para novo passeio, desta vez na Estância Suíça. Duarte foi preso, mas Cabeça Branca deixou a delegacia da PF em Sant'Ana do Livramento no fim da tarde daquele mesmo dia. Escapara mais uma vez — policiais federais suspeitam que, naquela época, o traficante também mantivesse residência no Uruguai, onde lavava parte do dinheiro aferido com a compra e venda de cocaína.

A partir daquele 27 de outubro, Cabeça Branca entrou no rol de investigados da Conexão Portuguesa. Na Superintendência da Polícia Federal no Rio, o agente Robson Cerqueira descobriu que ele mantinha uma empresa na capital fluminense, a Ômega Comércio Exterior, aberta em fevereiro de 1993. Segundo a Junta Comercial do Rio, a sede da Ômega ficava em uma sala comercial na avenida Presidente Vargas, esquina com a rua Uruguaiana, no Centro. Uma agente da PF esteve no local em janeiro de 1998, mas a sala estava fechada. Em agosto daquele ano, um brasileiro chamado Luiz Carlos da Rocha abriu conta corrente na filial do banco HSBC em Zurique, Suíça. O nome consta da relação de 8.667 brasileiros correntistas do banco, em lista revelada no caso Swiss Leaks, do ICIJ, sigla em inglês para Consórcio Internacional de Jornalistas Investigativos. Luiz Carlos da Rocha se identificou ao banco como comerciante no ramo de importação e exportação (exatamente a principal atividade da Ômega) e forneceu um endereço no centro do Rio, onde atuava na época.

Tudo indica que Luiz Carlos da Rocha fornecia a cocaína despachada para a Europa pelo português, via Rio de Janeiro, mas a função do traficante paranaense no esquema de Duarte nunca ficou clara devido à debilidade da investigação da PF.

Após o flagrante no Rio Grande do Sul, o traficante paranaense desapareceu, o que frustrou qualquer possibilidade de vigilância policial. Ele não seria mais encontrado pela equipe da Operação Conexão Portuguesa, nem em Londrina, nem em Ponta Porã.

Já Duarte não teria a mesma sorte. No dia 17 de novembro de 1999, acabou condenado a 16 anos e 4 meses de prisão por tráfico e associação para o tráfico internacional de drogas. Quatro dias depois, em uma tarde de domingo, o português conseguiu escapar do Hospital dos Servidores, no Centro do Rio, para onde fora levado dias antes, sem autorização judicial, para tratar um tumor no reto. O resgate foi feito por oito homens, todos armados.[9] Duarte seria detido dias depois, e morreria na cadeia, aos 65 anos, em setembro de 2003, vítima de câncer.

Cabeça Branca, o francês Eric Hachimi e o espanhol Virgilio Cayuela Avilez foram denunciados pelo Ministério Público Federal por associação para o tráfico internacional de drogas. Como nenhum foi localizado para se defender na ação penal, a Justiça decretou a prisão preventiva do trio. Hachimi acabaria preso na véspera do Natal de 2009 quando embarcava no aeroporto do Galeão, Rio, com destino à Europa. No entanto, passados quatro meses, o francês acabaria absolvido pelo juiz Rodolfo Kronemberg Hartmann a pedido do próprio MPF, para quem não havia provas do envolvimento de Hachimi no esquema. Atualmente, ele reside na Espanha, onde possui uma fábrica de perfumes em sociedade com a irmã.[10]

A ação penal contra Cabeça Branca hibernou nos armários da 2ª Vara Federal Criminal do Rio até a sua prisão, em 1º de julho de 2017.

CABEÇA BRANCA

Assim como Hachimi, ele seria absolvido em decorrência de falhas na investigação policial. Para o juiz Gustavo Pontes Mazzocchi, a denúncia do MPF "tão somente indica o seu convívio com pessoas de má fama, cuja principal atividade seria a traficância de entorpecentes. O Direito Penal, exatamente em virtude da gravidade das consequências da sua aplicação, não pode ser ministrado com base apenas em probabilidades ou suposições. A materialidade e a autoria devem ser plenas, pois, do contrário, o magistrado forçosamente deve absolver o denunciado".

Avilez seguia foragido até julho de 2019 e a ação penal contra ele, suspensa.[11] Atualmente reside na região da Andaluzia, Espanha, país que passaria a integrar uma das principais rotas do tráfico de Cabeça Branca na virada do século.

Ainda que ofuscado por outros *narcos* menores, mas mais midiáticos, como Luiz Fernando da Costa, o Fernandinho Beira-Mar, Luiz Carlos da Rocha rapidamente galgava degraus no mercado da cocaína.

4

Reis da fronteira

Cerca de 200 mil pessoas habitam o conglomerado urbano formado por Ponta Porã, Mato Grosso do Sul, e Pedro Juan Caballero, no lado paraguaio. Quem dita o rumo dessas duas cidades no coração da América do Sul, separadas por uma avenida, não são os respectivos prefeitos nem seus vereadores. Democracia não combina com as fronteiras latino-americanas. As regras aqui são outras, impostas por aqueles que, devido à sagacidade, violência ou lastro financeiro — ou todos esses fatores somados — impõem seus interesses sobre esse território vital para o crime no subcontinente: são os reis da fronteira. O poder fincado em bases personalistas, aos moldes das primeiras organizações mafiosas na Itália, remonta aos anos 1970, tempos de contrabando de café e uísque e do incipiente tráfico da maconha plantada em Capitán Bado, vizinha a Pedro Juan. Desde então, coube a esses coronéis o papel de reguladores territoriais do crime: compete a eles estabelecer o preço da droga que atravessa a fronteira, permitir ou não a atuação de quadrilhas forasteiras e, como bons "empresários" ou "pecuaristas", criar laços com a política partidária nos dois países.

Por muitos anos esse papel foi exercido por Fahd Jamil Georges, não à toa chamado de El Padrino — o irmão dele, Gandi Jamil, chegou a ser eleito deputado constituinte pelo Mato Grosso do Sul. Mas, a partir do fim dos anos 1990, El Padrino perdeu poder, acuado por suspeitas de ligação com o assassinato do vice-presidente paraguaio, Luis María Argaña, em 1999, ainda que seu envolvimento direto nunca tenha sido provado; por supostas ligações com o narcotráfico, o que o obrigou a refugiar-se no Paraguai entre 2005 e 2007 para escapar da prisão; e pelo assassinato, por quadrilhas rivais, de seu filho primogênito. Fahd Jamil deu lugar a outro descendente de libaneses, Jorge Rafaat Toumani — assim como a política oficial em Brasília, o crime na fronteira não admite vácuos.

Empresário, dono de uma loja de materiais de construção e outra de pneus, uma em Pedro Juan, outra em Ponta Porã, Rafaat, assim como Cabeça Branca, fez fama e fortuna com o contrabando de café do Paraguai para o Brasil nos anos 1980. Em 1987, um grupo de agentes da PF flagrou um caminhão carregado com 250 sacas do grão em Ponta Porã, rumo ao Paraguai. Preso, o motorista disse ter carregado o veículo em uma empresa de Martinópolis, interior paulista. Com autorização judicial, a Polícia Federal invadiu o galpão da firma e encontrou 3 mil sacas de café, além de anotações de venda do produto para sete conhecidos contrabandistas da fronteira, entre eles Rafaat. Ele foi denunciado à Justiça por contrabando, mas a punição prescreveu.

Do café, Rafaat migrou para as armas. Em setembro de 1994, um grupo de policiais federais de Brasília viajou a Maceió para investigar um esquema, liderado por dois agentes da própria PF, de venda de armamento pesado para quadrilhas do polígono da maconha, no agreste pernambucano. No fim daquele mês, os policiais de Brasília acompanharam a dupla de agentes em dois veículos, um carro e uma pequena caminhonete, no aeroporto de Arapiraca, interior de Alagoas. Minutos depois, pousou um avião, de onde saiu um homem corpulento e careca — era Rafaat. Apressadamente, os dois agentes e o homem começaram a descarregar caixas da aeronave para a caçamba da caminhonete. Em menos de dez minutos o avião levantou voo, e o trio se preparava para deixar o aeroporto quando

CABEÇA BRANCA

foi detido pela equipe de policiais de Brasília. Dentro da caminhonete havia onze revólveres, 35 pistolas, quatro espingardas, quatro fuzis, três submetralhadoras e 75 caixas de munições.[1] O trio acabaria absolvido pela Justiça, já que as interceptações telefônicas nos aparelhos dos dois agentes, que motivaram o flagrante, não tinham autorização judicial.

Não demorou para que Rafaat usasse sua expertise para traficar cocaína, o negócio que enfim lhe deu o epíteto de "rei da fronteira". O empresário era amigo de longa data de Cabeça Branca: fora padrinho de batismo de Bruno, o filho mais velho do paranaense. No início de 1999, a amizade se estendeu aos negócios: na época, ambos se reuniram em Ponta Porã e firmaram sociedade no tráfico.

Diferentemente de Rafaat, Cabeça Branca nunca se interessou pelo controle geográfico da fronteira, pois isso lhe imporia a necessidade de se fazer presente na região, e o paranaense sempre preferiu as sombras à visibilidade de um "rei". Mas isso não reduziu o seu poder nem o respeito que tinha entre os seus pares — Luiz Carlos da Rocha manteve negócio com outros narcotraficantes famosos de Ponta Porã, como Jarvis Gimenes Pavão e Erineu Soligo, o Pingo. A PF encontraria na casa de Cabeça Branca na fronteira fotos dele com Pingo, além de várias imagens do paranaense com sua nova mulher, a corretora de gado Lucimara Fernandes da Silva, 21 anos mais jovem do que ele. Em uma das imagens, Lucimara comemora o aniversário dela ao lado do marido, em agosto de 2002.

Notícias da recém-formada parceria de Cabeça Branca com Rafaat se espalhariam pela fronteira até chegar à delegacia da PF em Ponta Porã. Na época, os policiais já tinham boa quantidade de informações sobre o traficante de Londrina. Três anos antes, em 1996, o agente Everaldo Monteiro havia recebido uma missão espinhosa, vinda da base Paiaguás, o núcleo de inteligência antinarcóticos montado pela Polícia Federal em Campo Grande no início dos anos 1990: identificar Cabeça Branca por meio de uma foto atualizada — a dos bancos de dados da PF datavam de pelo menos cinco anos. Monteiro, que anos depois seria preso, acusado de integrar uma quadrilha de bicheiros em Mato Grosso do Sul, procurou o que ele próprio denomina "a maior central de informações da fronteira": as casas de prostituição. Cabeça Branca não costumava frequentar esses estabelecimentos, mas seus acólitos, sim. Por isso, em um dos prostíbulos, o policial soube que Cabeça Branca mantinha um escritório em Pedro Juan chamado "Boi Branco", para tratar da compra e venda de gado e, principalmente, do tráfico de cocaína. Uma das prostitutas conhecia a faxineira do escritório e conseguiu cooptá-la. Com uma máquina fotográfica discreta, fornecida por Monteiro — em uma época pré--celulares —, a faxineira fotografou Cabeça Branca chegando de caminhonete no escritório. Missão cumprida.

Mas faltava achar a ponta do novelo dos negócios da dupla.[2] Em uma tarde ensolarada de terça-feira, dia 13 de abril de 1999, agentes da PF decididos a encontrar os fios soltos do esquema abordaram um jipe que saía de uma das casas do "rei da fronteira" em Ponta Porã — os policiais viram o próprio Jorge Rafaat abrir o portão eletrônico para a saída do veículo. Dentro, um colombiano e um brasileiro, e, no porta-malas, fita crepe, bacia, peneira, lanternas, papel celofane e lona preta. Os policiais sabiam que cada um daqueles materiais tinha função bem definida em laboratórios de refino de cocaína, tanto para processar a droga quanto para embalá-la. Aos agentes o colombiano disse trabalhar em uma fazenda de Rafaat, mas não informou onde a propriedade se localizava — tempos depois, o homem seria morto na Colômbia ao ter o avião que pilotava, abarrotado de cocaína, abatido pelo exército em pleno ar. O próprio Rafaat foi à PF e, na tentativa de liberar o jipe, admitiu que o veículo era seu. Apesar do flagrante, as provas contra o coronel da fronteira eram frágeis demais. Faltava aos agentes localizar a fazenda-laboratório de Rafaat. Passado mais de um ano do episódio do jipe, os policiais não conseguiam avançar nas investigações. Mas um moreno de cabelos desgrenhados e fala acelerada mudaria o rumo da história. Em uma manhã de junho de 2000, ele entrou na delegacia em

CABEÇA BRANCA

Ponta Porã. Queria uma reunião com o delegado Lázaro Moreira da Silva, que investigava Rafaat. O que tinha a falar não era pouco.

Segundo o homem, até o episódio do jipe, o laboratório de refino de Rafaat ficava na fazenda São Rafael, em Ponta Porã. Na noite daquele mesmo dia, temeroso de que os policiais descobrissem o local, o empresário decidiu transferir toda a estrutura de processamento da cocaína para outra fazenda de sua posse, no Paraguai. Mas parte da cocaína ficou escondida em algum local dentro da São Rafael que ele desconhecia, porque Rafaat e seus asseclas temiam o risco de a droga ser apreendida durante o trajeto.

Diante da informação, o delegado decidiu organizar uma operação contra Rafaat.[3] O sol nem bem raiara no dia 21 de junho de 2000 quando uma equipe de dez agentes e dois delegados da PF invadiu a fazenda São Rafael. No local, encontraram apenas o caseiro. Os policiais fizeram uma varredura no imóvel e não acharam nenhum vestígio de droga. Até que o agente Fernando Caldas, no meio da sala da casa-sede, mirou o forro do telhado. Pegou uma escada no galpão e alcançou o alçapão. Embaixo, um dos delegados segurava a escada, rodeado pelos outros policiais em silenciosa expectativa. Caldas vasculhou a penumbra até encontrar uma sacola plástica. Dentro, quase 2 quilos de cloridrato de cocaína, 170 gramas de pasta base e 1 quilo de bicarbonato de sódio, substância usada para "batizar" a droga.

Ao mesmo tempo, outra equipe ingressava na loja de material de construção de Rafaat no centro de Ponta Porã. Lá, os agentes encontraram comprovantes de despesas com a manutenção de aviões que anos depois seriam apreendidos com cocaína e um caderno com curiosas anotações sobre armas, substâncias e materiais típicos de um laboratório de refino da coca, incluindo solvente, soda cáustica, ácido sulfúrico, galões, luvas, micro-ondas, ventiladores, secadores, funis, 37 lençóis, sete cobertores, 31 fronhas, trinta travesseiros e dez colchões. Tecido de sobra para impedir o contato da pasta base com o solo durante a secagem.

O caderno revelava todo o conhecimento técnico da equipe de Rafaat. Segundo a PF, o laboratório transformava a pasta base vinda da Bolívia e Colômbia em cocaína-base, produto intermediário obtido com a adição de etanol, amônia e ureia. Em seguida, a cocaína-base era dissolvida em éter, filtrada e misturada a uma solução de ácido clorídrico e acetona. No líquido precipitava-se um sal branco, que era filtrado e seco: o cloridrato de cocaína.

O tráfico fez de Rafaat um homem milionário. Em apenas três anos, entre 1996 e 1998, ele movimentou R$ 21 milhões, em valores corrigidos, dos quais enviou ilegalmente R$ 8,3 milhões para bancos em Assunção, Montevidéu e Nova York, por meio de laranjas ou de empresas fantasmas. Por essas transações, Rafaat seria condenado a doze anos e três meses de prisão por lavagem de dinheiro,[4] pena que nunca chegou a cumprir.

Devido à apreensão da cocaína na São Rafael, a Justiça Federal decretaria a prisão temporária de Rafaat nove dias depois. Mas a essa altura o empresário já havia fugido para o Paraguai. E não deixaria barato. Dias depois da operação policial, o informante da PF foi assassinado com dezenas de tiros em um hotel de Pedro Juan. Um claro recado do "rei da fronteira" para outros que se aventurassem a delatar seus negócios à polícia.

Nem a Polícia Federal escaparia da ira do empresário. Na tarde do dia 2 de maio, dois agentes da PF aproveitavam a folga para fazer compras em um shopping de Pedro Juan quando se depararam com Rafaat e dois de seus seguranças, ambos com as mãos sob as blusas, a esconder as pistolas. Quando um dos policiais pôs a mão no bolso para pegar seu celular, o próprio Rafaat levou a mão direita à cintura e bandeou de lado a jaqueta de brim escuro para mostrar o cabo da pistola.

— Se mexer, vai levar — disse o empresário, pensando que o agente sacaria uma arma. — Aqui quem manda sou eu. Admiro o trabalho de vocês no Brasil, mas aqui, não.

CABEÇA BRANCA

Assim que Rafaat e seus capangas saíram do shopping, os agentes entraram em uma caminhonete e tomaram o rumo de Ponta Porã. Foram à delegacia da PF comunicar o ocorrido e solicitar reforços para levar os três sob custódia. Quando uma das viaturas da polícia trafegava pela avenida que divide os dois países, veio o estrondo do tiro.

Do lado paraguaio, Rafaat disparava contra os policiais. Imediatamente, os agentes saíram da caminhonete, esconderam-se atrás do veículo e revidaram. Na troca de tiros, três disparos de Rafaat atingiram a caminhonete, antes que o traficante fugisse pelas ruas de Pedro Juan. O episódio renderia a ele condenação a um ano e meio de prisão por dano qualificado.[5] E serviria de lição para a PF. Para combater o *capo*, seria necessário muito mais do que meia dúzia de agentes. Por isso, em 2001, a Polícia Federal organizou a Operação Fronteira, com reforço de policiais do Brasil todo. O objetivo era desarticular a organização criminosa de Rafaat e Cabeça Branca, colocando atrás das grades tanto eles quanto seus subordinados.

A primeira providência foi solicitar à Justiça a interceptação dos telefones de Eduardo Charbel, peça-chave no esquema de Rafaat por dois motivos: era amigo de infância do empresário e piloto de aviões. Em grandes operações contra o tráfico, é comum a PF iniciar a investigação grampeando o telefone do piloto: normalmente é ele quem leva a polícia aos demais integrantes da organização. Pelas escutas, os agentes souberam que, em 2000, Cabeça Branca comprara por meio de laranjas a fazenda Santa Maria, em Tapurah, Mato Grosso, para servir de entreposto da cocaína que ele adquiria dos cartéis colombianos, muitas vezes em sociedade com outros grandes traficantes brasileiros, entre eles Ivan Carlos Mendes Mesquita[6] — não por acaso, vizinho de Rafaat Toumani em Ponta Porã. Naquele mesmo ano, passaram pela fazenda 800 quilos de cocaína apreendida pela PF em São Vicente, litoral paulista.[7] Preso em flagrante, Mesquita foi condenado a 25 anos de prisão por tráfico, mas fugiu da cadeia após cumprir um sexto da pena e escondeu-se no Paraguai, com o auxílio de Cabeça Branca.

Na Colômbia, "don Carlos", como Mesquita era conhecido, associou-se a José María Corredor Ibagué, o Boyaco, um dos líderes das Forças Armadas Revolucionárias da Colômbia (Farc), para enviar uma média mensal de 1 tonelada de cocaína para o Brasil,[8] Estados Unidos e Europa. O dinheiro era lavado em empresas instaladas em Nova York.[9]

A PF suspeita que Cabeça Branca integrasse o esquema de "don Carlos" com Boyaco, mas nunca conseguiu provar essa ligação. De toda forma, ficou demonstrada a importância da fazenda em Tapurah na logística de Cabeça Branca, e a Polícia Federal passou a vigiá-la diuturnamente. Luiz Pinelli, policial que coordenava os agentes na Operação Fronteira, chegou a sobrevoar a fazenda para identificar suas três pistas de pouso.

No dia 17 de outubro de 2001, Charbel decolou com o avião Beechcraft Baron 58, matrícula PT-WSA, de Pedro Juan Caballero com destino ao interior da Colômbia. A aeronave, segundo o Ministério Público Federal, pertencia a Rafaat e Cabeça Branca, mas estava em nome de um laranja. Documentos do avião haviam sido apreendidos no ano anterior nas empresas de Rafaat em Ponta Porã, por isso sua matrícula fora toscamente adulterada com adesivos para PT-ISA.

Na Colômbia, Charbel pousou no meio da mata, ao lado de um rio, onde havia um barco com três pessoas. Na manhã do dia 25, o trio carregou a aeronave com pesados fardos de pasta base de cocaína e o piloto partiu rumo a Tapurah. Ele não sabia, mas cinco policiais federais vigiavam as pistas na fazenda, camuflados na mata. Por volta das três horas da tarde, os agentes viram José Carlos da Silva, gerente de Cabeça Branca, e mais dois subalternos chegarem à pista com uma caminhonete preta em nome do *capo* paranaense. Na carroceria, doze galões plásticos com combustível para aviação. Era a pista de que os agentes precisavam para ter certeza de que o avião desceria exatamente naquele ponto. E desceu, minutos depois. O Beechcraft taxiou em uma das pontas da pista, seguido pela caminhonete. De imediato, um dos homens subiu no avião e

CABEÇA BRANCA

começou a descarregar a droga na caçamba do veículo. Armas em punho, os agentes saíram da mata e correram na direção do avião. Mas o trio de traficantes revidou e passou a atirar. Na confusão, todos conseguiram fugir, inclusive José Carlos, que foi para o Paraguai. O único que não conseguiu escapar foi Charbel. Ferido com um tiro de raspão no ombro, ele também tentou fugir, mas acabou rendido. Na carroceria da caminhonete, os agentes encontraram 488 quilos de cocaína pura. Para o piloto, era a certeza da prisão por muitos anos. Mas para os patrões Rafaat e Cabeça Branca, só um pequeno revés.

Reuniões entre fornecedores colombianos e compradores europeus se repetiam com frequência em Campo Grande e São Paulo. No dia 21 de julho de 2002, Rafaat, vestindo blazer escuro, com uma maleta preta em uma das mãos, cruzou a avenida internacional em Pedro Juan e, na cidade vizinha, entrou em uma de suas aeronaves com destino ao aeroporto Campo de Marte, São Paulo. Pousou às 11 horas, foi para um hotel no Morumbi, e no meio da tarde, para um shopping no bairro, onde se encontrou com o colombiano William Miguel Herrera Garcia. Meia hora de conversa e retornaram ao hotel do Morumbi, onde Garcia também estava hospedado desde o dia anterior. Conversaram no quarto de Rafaat até as 21 horas, e depois voltaram ao shopping, onde a reunião continuou. Os agentes perceberam que, para não chamarem a atenção, os dois sempre se deslocavam separadamente, com um intervalo de pelo menos 5 minutos.

Dois dias depois, Rafaat e o colombiano se encontraram com Cabeça Branca no mesmo shopping. Foi uma hora de conversa intensa do trio. No dia seguinte, 24, Rafaat retornou a Ponta Porã. Em fevereiro do ano seguinte, os agentes acompanhariam novo deslocamento do empresário até a capital paulista. Após se encontrar mais uma vez com William e seu acólito Jesus Humberto Garcia na rua Augusta, todos rumaram para o mesmo shopping no Morumbi, onde almoçaram juntos. Em seguida, Rafaat despediu-se dos colombianos e pegou um táxi até outro shopping, onde Cabeça Branca o esperava — possivelmente o empresário de Ponta Porã fora repassar ao sócio o resultado da reunião. No dia seguinte, em novo encontro no mesmo shopping, Rafaat entregou a Cabeça Branca um pedaço de papel. Os quatro voltariam a se encontrar no mês seguinte em um hotel de Campo Grande. A PF não tinha dúvida: estavam negociando mais um grande carregamento de cocaína.

Foram vários encontros, a maioria em São Paulo, entre Cabeça Branca, Rafaat e compradores de cocaína na Europa, entre eles dois italianos e um jordaniano, Waleed Issa Khmayis, ligado ao italiano Rocco Morabito, preso na região da Calábria em março de 2013. Rocco era um dos expoentes da 'Ndrangheta, a máfia calabresa.

No início dos encontros na capital paulista, os agentes descobriram que Cabeça Branca costumava hospedar-se em um hotel nos Jardins. Certo dia, assim que o traficante deixou o prédio, um dos policiais teve a ideia de se identificar para o gerente do hotel, entrar no quarto do traficante e pegar o número do telefone satelital utilizado por ele. Quando a equipe deixou o lobby do hotel, os analistas ouviram de um dos telefones grampeados de Cabeça Branca:

— Patrão, os federais estiveram aqui e foram no seu quarto.

Os policiais não acreditavam: ou o traficante era o dono do quarto do hotel ou, no mínimo, cooptara o gerente. Cabeça Branca escapara, mais uma vez. Já naquela época, ele desconfiava estar sendo vigiado pela PF. Em conversa com seu braço direito José Carlos captada pelos grampos, ele deu a entender que tinha informantes dentro da corporação:

— Sei que tem um pessoal de Brasília em cima de mim, da minha mulher, dos meus filhos — disse.

Naquela época, Cabeça Branca portava documentos falsos em nome de Luiz Henrique Guimarães, quatro anos mais novo, nascido em Varginha (MG).

A sorte e o acesso a bons informantes do paranaense faltaram ao sócio Rafaat. Por volta das 10h30 de 16 de abril de 2003, pousou no aeroporto de Marília (SP) o avião Baron PT-WFO, que, embora em nome de um laranja, pertencia de fato a Rafaat e Cabeça Branca —

CABEÇA BRANCA

fotografias feitas por agentes meses antes mostraram Cabeça Branca embarcando na aeronave no Campo de Marte, São Paulo. Dentro do Baron estavam Rafaat e os pilotos Eduardo Charbel — recém-saído da cadeia, depois de cumprir pena pelo flagrante em Tapurah — e Nélio Alves de Oliveira, que já fora presidente da Câmara de Vereadores e vice-prefeito de Ponta Porã nos anos 1980, e era amigo de longa data de Rafaat. De Marília, o trio seguiu de carro até o escritório do também empresário Fausto Jorge na cidade vizinha de Vera Cruz, onde Fausto tinha uma oficina de manutenção de aviões. Rafaat era cliente e amigo de Fausto. Entre os documentos apreendidos pela PF três anos antes em empresas do "rei da fronteira" estavam recibos de consertos de aviões feitos por Fausto em aviões dele.

Como Rafaat, Fausto Jorge tinha um currículo mais do que suspeito, com várias passagens pela polícia por contrabando nas décadas de 1980 e 1990. Em 2000, foi indiciado pela CPI do Narcotráfico da Câmara dos Deputados, mas o processo judicial não foi adiante. Anos depois, seu nome surgiria nas investigações da PF decorrentes da apreensão de 780 quilos de cocaína no Pará. A droga toda foi transportada em um avião Carajá, da Embraer, cujos bancos haviam sido retirados e deixados na sua empresa em Vera Cruz. Apesar das fortes suspeitas, nada ficou provado contra ele.

Na manhã daquele dia 16 de abril, Rafaat queria comprar um avião de Fausto. O empresário de Ponta Porã e seus pilotos foram recebidos por Fausto na empresa de Vera Cruz. Após alguns minutos de conversa, Rafaat, Charbel e Fausto foram até o aeroporto da cidade ver algumas aeronaves. Nesse momento, os agentes da PF, que já vigiavam o local, decidiram invadir o aeroporto e cumprir o mandado de prisão contra Rafaat por lavagem de dinheiro e evasão de divisas. Enquanto isso, outra equipe de policiais entrava no hangar em Marília onde o Baron PT-WFO estava estacionado. No GPS da aeronave havia dezessete coordenadas geográficas no Paraguai, Bolívia, Colômbia, interior de São Paulo e Mato Grosso, incluindo a fazenda em Tapurah — onde o avião estivera dezenove dias antes da apreensão dos 488 quilos de cocaína — e a Estância Suíça, uma das fazendas de Cabeça Branca em solo paraguaio.

Rafaat foi levado ao Instituto Penal de Campo Grande. Mas nem por isso ficaria impedido de seguir no comando do esquema de tráfico no atacado. No dia 16 de junho de 2003, agentes da PF seguiam os passos de Cabeça Branca na capital de Mato Grosso do Sul quando registraram vídeos e fotos da entrada dele na penitenciária. O paranaense carregava uma sacola de plástico branco que parecia conter papéis. Ficou mais de uma hora dentro do presídio e saiu sem a sacola. A Polícia Federal não tem dúvida de que Cabeça Branca fora discutir com o sócio preso uma nova remessa de cocaína a partir da Colômbia.

A movimentação da quadrilha nas semanas seguintes confirmaria a suspeita. Por meio de um informante paraguaio, a PF descobriria que Cabeça Branca vinha se reunindo com seu gerente José Carlos da Silva em Pedro Juan. Em agosto de 2003, um subordinado de José Carlos comprou, a mando do chefe, uma carreta Volvo e dois semirreboques na região de Sorocaba. Na mesma época, por ordem de Cabeça Branca, José Carlos comprara a fazenda Bigo Rill, em Marcelândia, norte de Mato Grosso, por R$ 5,3 milhões, em valores corrigidos — a primeira parcela, de R$ 1,9 milhão, foi paga à vista, em dinheiro vivo, levado em um dos aviões do grupo. Outra fazenda, Bonsucesso, havia sido adquirida semanas antes na cidade vizinha de Matupá. Estava assim montada a nova logística de Cabeça Branca e Rafaat: a cocaína viria de avião da Colômbia ou Bolívia até uma das duas fazendas e de lá seguiria no bitrem até São Paulo ou Rio de Janeiro. A aeronave utilizada era um Cessna 210, matrícula PT-OUK, em nome de Nélio, mas pertencente de fato a Cabeça Branca.

A certeza da PF sobre o real dono do avião veio em julho de 2003. Nélio voava no Cessna da oficina em Vera Cruz, onde a aeronave passara por manutenção, para Campo Grande quando, já próximo ao destino, o motor começou a trepidar. Quase em pânico, o piloto avistou do alto a rodovia BR-262. Era a única alternativa de pouso.

CABEÇA BRANCA

Inclinou com dificuldade as asas do avião, que tremiam muito, e abaixou o trem de pouso. O Cessna tinha pouca estabilidade e muita aceleração. Descontrolado, o avião se aproximava do solo. Nélio viu a copa de uma grande árvore. Espremeu os olhos para não ver a asa direita se espatifar contra os galhos. O Cessna girou e caiu de barriga na rodovia. Com o trem de pouso quebrado, o aço riscava o asfalto quente. O piloto desmaiou. Não viu a carreta que vinha em sentido contrário na estrada. Sorte de Nélio que a batida foi na asa esquerda. O Cessna rodopiou. Quando ele acordou, estava sendo retirado da aeronave pelos bombeiros vindos de Campo Grande.

Apesar do susto, o piloto não se feriu com gravidade. Já o Cessna ficou completamente destruído e foi levado até uma oficina de aeronaves. Dez meses depois, o dono da oficina viu o piloto Nélio e um homem de cabelos grisalhos e espetados entrarem na oficina. Era Cabeça Branca.

— Vim buscar aquele Cessna — disse, apontando para o avião recém-reformado.

Em setembro daquele ano, a Polícia Federal deslocaria uma equipe de agentes até o norte de Mato Grosso para descobrir a localização das fazendas de Cabeça Branca e suas pistas de pouso. Primeiro, pediram mapas da zona rural de Matupá na prefeitura local. Sem sucesso. Passaram-se alguns dias e os policiais souberam da presença de José Carlos na região, acompanhado do subalterno Vandeir da Silva Domingos, apelidado de Bigode, homenzinho mirrado que seria localizado pouco depois no centro de Matupá, dirigindo uma caminhonete. Os agentes decidiram segui-lo. Naquele mesmo dia, Bigode tomou uma estrada de terra. Foram 142 quilômetros até a entrada da Bonsucesso. Logo na estrada de acesso à sede da fazenda, um grande corredor: era a pista de pouso dos aviões carregados com cocaína de Cabeça Branca e Rafaat.

Os agentes decidiram montar um ponto de campana permanente nas imediações. Após alguns dias viram a carreta Volvo branca, aquela adquirida em Sorocaba, entrar na fazenda. Era março de

2004. Tempos depois, em depoimento à polícia, o administrador da propriedade daria detalhes do carregamento. Minutos antes do pouso do avião — provavelmente o mesmo Cessna PT-OUK —, José Carlos e dois capangas correram armados para o meio da pista. Após o pouso, entraram em uma caminhonete e foram ao encontro da aeronave. Puseram os fardos de cocaína na caminhonete e rumaram para os fundos da propriedade, onde a droga era escondida no meio da mata à espera da carreta. Os agentes tentaram seguir o bitrem, mas perderam contato com o veículo nos confins de Mato Grosso.

Um novo carregamento começou a ser preparado na metade daquele ano. Para não fracassar novamente na apreensão da droga, a PF decidiu seguir todos os passos de Vandeir Domingos, o motorista da carreta, que adorava beber cachaça enquanto jogava sinuca com o chefe José Carlos no bar de um posto em Matupá. Em 3 de agosto, Vandeir carregou o bitrem com calcário e rumou para a Bonsucesso. No mesmo dia, descia na fazenda o Cessna pilotado por Nélio. Vinha carregado com quase meia tonelada de cocaína embarcada na selva colombiana. No fim da tarde, Vandeir chegou com a carreta, descarregou o calcário próximo à sede e foi para uma clareira na mata, na cabeceira da pista. Lá, havia quinze fardos grandes, que foram abertos para que os tijolos de cocaína fossem dispostos lado a lado no fundo falso da carroceria do Volvo. Vandeir dormiu na fazenda e no dia seguinte pegou a estrada. Começava aí o périplo dos agentes para não perderem de vista a carreta.

Foram 28 dias de campana 24 horas, em esquema de revezamento. Para o caminhoneiro não desconfiar, era seguido pelos policiais em três caminhonetes descaracterizadas. Mas Vandeir era imprevisível, não tinha hora para parar nem para pegar a estrada, o que arrebentava a equipe de agentes. Primeiro ele foi até Sinop (MT), onde carregou a carreta com arroz. Depois, rumou para Rondonópolis (MT). Problemas no motor do Volvo fizeram o caminhoneiro ficar uma semana na cidade, à espera do conserto do veículo — o que, para os agentes, foi um alívio, suficiente para repor o sono perdido na viagem.

CABEÇA BRANCA

O objetivo era apreender a carga de droga e Cabeça Branca, simultaneamente; se o *capo* soubesse da ação policial, fatalmente fugiria. Na época, o paranaense se revezava entre as fazendas no Paraguai e um apartamento de 100 metros quadrados na rua Antônio Aggio, no Morumbi, zona sul de São Paulo, que alugara no início daquele ano, pagando as 12 parcelas mensais adiantado, em dinheiro vivo. Os agentes da PF tinham a informação de que no dia 20 de agosto Cabeça Branca iria até Londrina comemorar o aniversário de 73 anos da mãe em uma pizzaria da cidade. O local foi cercado de policiais à paisana, disfarçados de clientes e funcionários. Por volta das 20 horas, chegou a mãe do traficante, acompanhada de nove dos dez filhos — a exceção era Luiz Carlos. Os minutos se passavam e nada de Cabeça Branca aparecer. No dia seguinte, do Paraguai, o traficante telefonou para Terezinha, cujos telefones estavam grampeados:

— Mãe, não deu pra ir pra Londrina ontem. Teve um surto de febre aftosa aqui na fazenda.

Os agentes decidiram então cumprir os mandados de busca assinados pelo juiz federal Odilon de Oliveira em vários endereços ligados a Cabeça Branca, incluindo o apartamento dele em Ponta Porã — lá, foram apreendidas fotos dele com Pingo, a mulher Lucimara e do seu gerente José Carlos, que àquela altura já era considerado foragido — e no apartamento do Morumbi, onde foram informados pela síndica que Cabeça Branca deixara o imóvel no início daquele mês e, desde então, sumira, deixando seus pertences no local.

Faltava apreender a carga de cocaína. No dia 18, o caminhoneiro Vandeir foi a Itápolis (SP), onde descarregou o arroz. Depois, foi para São José do Rio Preto, onde morava um irmão. Às 6h30 do dia 21, ele seguiu pela rodovia BR-153 até uma usina de cana-de-açúcar em Orindiúva (SP), já na divisa com o Triângulo Mineiro. Vandeir estacionou a carreta no pátio da usina, à espera de um carregamento de açúcar. Enquanto isso, os agentes foram até o escritório da empresa.

— Para onde aquele bitrem Volvo vai com a carga de açúcar? — perguntou um agente da PF ao gerente da usina.

— Para o porto do Rio de Janeiro. De lá o açúcar segue para a Europa.

Sem a possibilidade de prender Cabeça Branca no Paraguai, a PF decidiu que era a hora do bote na carga. Vandeir não reagiu. Com um pé de cabra, os policiais estouraram a madeira do fundo falso da carroceria e deram de cara com os tijolos de cocaína. Em cada um, a inscrição "Toto 100% pureza" ou a figura de um palhaço com ar travesso. Um total de 492 quilos.

* * *

Antonio Aparecido da Silva, o Cidão, ganhou fama como um dos mais hábeis matadores de aluguel na região de Ponta Porã. Já havia prestado serviços para Rafaat, mas naquele setembro de 2004 fazia as vezes de guarda-costas para Ivan Carlos Mendes Mesquita, conhecido traficante na fronteira e, como já relatado, parceiro de longa data de Cabeça Branca. Cidão havia sido condenado pelo juiz Odilon de Oliveira, mas acabou assinando acordo de delação em troca de redução da pena. De pistoleiro, tornou-se informante da Polícia Federal. Na tarde do dia 10 de setembro de 2004, menos de um mês após a deflagração da Operação Fronteira, Cidão encontrou-se com o agente da PF Cláudio Nepomuceno em uma área isolada na fronteira. O pistoleiro tinha novidades. No dia anterior, acompanhara Mesquita até a fazenda Liberdade, então uma das propriedades de Cabeça Branca no departamento de Concepción, Paraguai.

O traficante paranaense estava furioso, segundo o informante. Ao lado do primo Geraldo Bernardo da Rocha, o Neguinho, brandia o auto de prisão em flagrante do caminhoneiro na região de Rio Preto, levado por um dos seus advogados. Só ele sabia dos planos do caminhoneiro: ir e vir pela mesma rodovia, para despistar uma possível vigilância policial.

— Como a polícia sabia dessa porra? — questionava.

CABEÇA BRANCA

A ira aumentava quando Cabeça Branca comentava os mandados de busca expedidos por Odilon contra endereços seus e da mulher, Lucimara.

— Esse juizinho de merda está tentando acabar com a minha vida e com tudo o que eu tenho. O que esse "cearencinho" de merda tá pensando? — Odilon é pernambucano.

Horas mais tarde, já na Estância Suíça, também de Cabeça Branca, o traficante voltou a falar de Odilon, segundo o delator. Disse que não mataria o juiz com um tiro de fuzil. Em vez disso, o plano era sequestrá-lo e torturá-lo.

— Ficar sem comer, sem beber, dormindo no chão até pegar sarna. Vou fazer questão de levar um prato com comida podre pra ele — disse Cabeça Branca.

Um mês depois, em 10 de novembro de 2004, Mesquita foi preso no Chaco paraguaio quando descarregava 280 quilos de cocaína de um avião pilotado por Nélio Alves de Oliveira, vindo da Colômbia — a carga, segundo o informante, pertencia a Mesquita e a Cabeça Branca. Policiais da Secretaria Nacional Antidrogas (Senad) paraguaia, com apoio da DEA, cercavam a área, com equipes em solo, camufladas na mata, e um helicóptero nas proximidades. Quando os policiais invadiram a pista, houve intenso tiroteio. Uma bala acertou de raspão um policial da Senad e um traficante morreu. Oito foram presos, incluindo Mesquita, conhecido no Paraguai como "don Carlos".

— Há quanto tempo, Carlos — exclamou o agente da Senad Luis Alberto Rojas.

O traficante gemia de dor enquanto era agredido com socos por um dos policiais da Senad, revoltado com o agente baleado na testa. Rojas afastou o policial.

— Fique longe dele!

"Don Carlos" chorava feito criança, abalado pelas agressões e, sobretudo, pela morte do seu acólito, de quem era cunhado. O traficante permaneceu preso por oito meses em Assunção, à espera do trâmite do pedido de extradição feito pelo governo norte-americano.

Nesse período, de acordo com o informante, contou com regalias na cadeia: geladeira, ar-condicionado, prostitutas e churrascos. Mesquita chegou a negociar a compra de um *habeas corpus* na Suprema Corte paraguaia, mas o acordo não prosperou. Na manhã do dia 27 de junho de 2005, o traficante embarcou em um avião da DEA rumo aos Estados Unidos. Ele seria condenado a oito anos de prisão por conspiração para o tráfico de drogas,[10] mas teve a pena reduzida para cinco anos e meio em troca do compromisso de, regressando ao Brasil, colaborar com o combate ao tráfico na terra natal, dividindo com a Polícia Federal seu amplo conhecimento de traficantes e rotas. Mesquita retornou em 2010 e cumpriu dois anos da pena resultante do flagrante uma década antes, no litoral paulista. Ao sair da cadeia, em vez de procurar a polícia, o traficante regressou ao seu velho *métier*. Mudou-se para Ponta Porã (MS), para de lá gerenciar a remessa de 300 a 400 quilos de cloridrato de cocaína com 90% de pureza para São Paulo, onde era recebida pelo nigeriano Charles Amuzie Orji, e de lá enviada para a Europa e África por aviões comerciais, escondida em malas ou contêineres.

O brasileiro ligado a Cabeça Branca só não contava com a possibilidade de ainda estar sendo vigiado pelo governo norte-americano. Agentes da DEA souberam do seu retorno ao tráfico e acionaram a PF. Durante os cinco meses de investigação, os policiais descobriram que o principal comprador da cocaína exportada por Mesquita e pelo nigeriano era o português Rafael Antonio Lopes Carvalho, radicado na França — daí ser apelidado de French. Era comum o carregamento ser despachado para a África antes de seguir para o continente europeu:

"E o joanes nada?", escreveu Mesquita para o nigeriano em abril de 2015 no aplicativo BlackBerry Messenger, ou BBM — ele se referia a Joanesburgo, na África do Sul.

"Amanhã", respondeu Charles.

Naquele mês, o português viajou até Ponta Porã para se reunir pessoalmente com Mesquita e alinhar novas remessas de cocaína para a França por meio de contêineres de aviões:

CABEÇA BRANCA

"Conseguiu falar com o french?", perguntou o nigeriano.

"Bom dia amigo, estou com ele agora. Sim, ele me falou que vc disse que tem uma saida segura aí", respondeu Mesquita, referindo-se a contatos de Charles no aeroporto de Guarulhos.

"Saída do que? Do merca[doria]?", inquiriu Charles.

"Sim, daí pra paris, no executivo AKE."

"Mas teria que combinar com vc."

"Entaum vou falar com french, pra ver se ele marca uma data."

As reuniões do português Rafael com Mesquita e Charles foram constantes naquele primeiro semestre de 2015 — ele ingressou seis vezes no Brasil no período, todas como turista.

Mesquita também enviava cocaína em contêineres via porto de Santos. Em maio daquele ano, ele pediu ajuda ao nigeriano para resgatar um carregamento de 80 quilos de cocaína no porto de Conacri, capital da Guiné.

"Vc nao tem conhecimento la no porto pra tirar uma merca[doria]", escreveu o brasileiro. "Foi desviado, era pra baixar nas canarias mas passou direto" — a droga, oculta em um contêiner carregado de açúcar, deveria ter sido desembarcada nas Ilhas Canárias, mas acabou trasladada para outro navio com destino à Guiné. O nigeriano se comprometeu a resgatar a cocaína no país africano.

Para se levantar economicamente no narcotráfico depois de dez anos preso, Mesquita também fornecia grandes cargas de maconha para traficantes do Rio de Janeiro — a PF apreenderia duas dessas remessas, uma de 300 quilos na região de Campinas (SP) e outra de 221 quilos em Dourados (MS), ambas a caminho do Rio. De cocaína, também foram dois flagrantes: 62,7 quilos em São Paulo e 114 quilos em Campo Grande. A cada apreensão, Mesquita e Charles lamentavam o prejuízo:

"Amigo que vamos fazer? Agora me lasquei de vez. Vou ter que vender minha casa. / Nao tem como nois comecar com pouco umas 30 [peças, ou quilos] por vez? / Até nois sair do buraco!"

"Temos que fazer alguma coisa", respondeu o nigeriano.

Três dias depois, Mesquita voltou a contatar Charles em São Paulo.

"To com um amigo aqui que tem 20 [quilos] ai te enteressa[?]"

"Sim. Boa?"

"É boa, disse que dá 90[% de pureza]"

O quilo da cocaína seria vendido por Mesquita a US$ 5,2 mil. Em seguida, o amigo de Cabeça Branca tratou de outro carregamento, agora de 200 quilos:

"E as 200 vai querer[?]. Que o pessoal vou falar amanhã"

"Vou."

Mais dois dias se passaram e o nigeriano voltou a acionar Mesquita:

"Tenho dois clientes na fila. Um quer 74 [quilos] outro quer 200"

"O problema é dim[dinheiro]", responde o traficante de Ponta Porã. "Se funcionar tem como mandar 40 a 50 [quilos] por semana."

Não houve tempo. No início de junho, Mesquita, Charles e Rafael foram presos na Operação Mosaico. Todos seriam condenados: Mesquita, a 114 anos de prisão, e Charles, a 48 anos por tráfico e associação para o tráfico internacional de drogas; e Rafael, a dez anos por associação para o tráfico internacional.[11]

* * *

Odilon de Oliveira, homem de corpo franzino e fala mansa, pagou um preço alto por ter autorizado operações policiais contra os principais narcotraficantes da fronteira do Brasil com o Paraguai. Por duas décadas, viveu encastelado entre sua residência em Campo Grande e o Fórum da Justiça Federal da capital de Mato Grosso do Sul. Até 2018, obedeceu a uma rígida disciplina de segurança: três policiais federais fortemente armados o protegiam 24 horas por dia e ele só andava em carro blindado e com colete à prova de balas.

Nascido em Exu, no sertão pernambucano, filho de lavradores analfabetos, Odilon é autodidata e se tornou juiz em 1987, depois

CABEÇA BRANCA

de uma rápida passagem pelo Ministério Público. A partir de 2004, quando inaugurou o Fórum da Justiça Federal de Ponta Porã (MS), próximo de Pedro Juan Caballero, condenou mais de uma centena de traficantes a penas que, somadas, ultrapassam mil anos de cadeia. E prejudicou o negócio do tráfico na fronteira ao confiscar mansões, fazendas, apartamentos, aviões e carros de luxo.

O narcotráfico reagiria com violência. Entre maio de 2004 e julho de 2005, ele viveu enclausurado no quartel do Exército em Ponta Porã. Não saía para nada, e sua alimentação era proveniente de restaurantes variados, para evitar envenenamento. Mesmo assim, certa vez, durante a madrugada, um pistoleiro escalou um muro de 2,5 metros do quartel para tentar assassiná-lo. Os soldados revidaram e na troca de tiros um sargento ficou ferido. O pistoleiro fugiu. Por falta de segurança na fronteira, em 2005 o Conselho Nacional de Justiça transferiu Odilon para Campo Grande, onde ficou responsável pela 3ª Vara Federal, que cuida de crimes financeiros, incluindo evasão de divisas e lavagem de dinheiro.

Na tarde de 3 de março de 2005, com Mesquita preso no Paraguai, o ex-pistoleiro Cidão, agora informante da PF, encontrou-se com Cabeça Branca em uma padaria de Pedro Juan Caballero. O paranaense disse que as Farc ofereceram "dinheiro, guerrilheiros e o que for preciso para acabar com o juiz Odilon", já que a atuação dele estaria prejudicando a venda de cocaína da guerrilha colombiana para os traficantes brasileiros radicados no Paraguai. Ainda indignado com as buscas da Operação Fronteira e o sequestro dos bens — os agentes da PF estavam utilizando o apartamento que pertencia à mulher dele, Lucimara, em Ponta Porã —, Cabeça Branca disse que ele e outros grandes narcotraficantes da fronteira, entre eles Jarvis Pavão e Erineu Soligo, decidiram criar um consórcio para assassinar o juiz Odilon. O plano, entretanto, nunca foi posto em prática.

Um ano depois, na tarde do dia 28 de março de 2006, Cidão seria brutalmente assassinado dentro do carro que dirigia, ao lado da mulher, com dez tiros de pistola calibre 9 milímetros na cabeça.[12]

A ordem partira de Rafaat, que descobrira a traição de seu antigo pistoleiro.

Odilon de Oliveira aposentou-se da magistratura em 2017. No ano seguinte, concorreu, sem sucesso, ao governo de Mato Grosso do Sul. Perdeu a escolta da Polícia Federal e passou a atuar como advogado em Campo Grande. Em uma de suas derradeiras sentenças, decorrente da Operação Fronteira, condenou Cabeça Branca a 34 anos de prisão, Rafaat, a 47 anos, Carlos Roberto da Silva, a dezenove anos, Nélio Alves de Oliveira, a 21 anos, Eduardo Charbel, a doze anos, e o caminhoneiro Vandeir da Silva Domingos, a dezesseis anos por tráfico internacional de drogas, associação para o tráfico e lavagem de dinheiro. O juiz ainda determinou o envio de pedido de extradição de Cabeça Branca ao governo paraguaio e confiscou bens do paranaense e de Rafaat avaliados em R$ 35 milhões, entre eles sete aviões e seis fazendas, três delas no Paraguai. Na sentença de 744 páginas, Odilon justificou a necessidade do arresto:

> O confisco atinge a espinha dorsal do crime organizado, que, sem estrutura, senta-se imediatamente no chão. Descapitalizada a organização, sua recuperação depende da edificação de nova estrutura, o que demanda tempo. Sem sua descapitalização, seus membros, ainda que presos, tendo em vista a ineficiência do sistema penitenciário brasileiro, continuam comandando o crime. É o dito pelo não dito e o feito pelo não feito. Em outras palavras, é o faz de conta que faz.

* * *

O próprio Rafaat seria vítima da violência que tanto cultivou durante seu reinado na fronteira. No primeiro semestre de 2016, os traficantes Elton Leonel Rumich, o Galã, e Jarvis Gimenes Pavão, além de integrantes do PCC e do CV, investiram R$ 500 mil em um minucioso plano para assassinar o traficante; Rafaat rompera com os ex-aliados Galã e Pavão e vinha lutando contra o domínio crescente da facção

CABEÇA BRANCA

paulista na região. No fim de tarde do dia 15 de junho daquele ano, ele trafegava pelas ruas de Pedro Juan Caballero com sua Hummer blindada, escoltado por seguranças em outras duas caminhonetes, quando, em um cruzamento, o grupo foi fechado por uma Toyota Hilux equipada com uma metralhadora Browning M2, calibre 50, capaz de derrubar helicóptero. A arma cuspiu dezenas de balas sobre o vidro dianteiro blindado da Hummer, incapaz de segurar armamento tão pesado. Dezesseis tiros abriram rombos no tórax e no crânio de Rafaat, que teve morte instantânea.[13]

A essa altura, a sociedade de Rafaat com Cabeça Branca ficara no passado. O traficante paranaense passou a redobrar os cuidados para evitar a cadeia, depois que uma nova operação da Polícia Federal atingiu em cheio outro grande esquema seu, em parceria com distintos empresários portugueses radicados no Rio de Janeiro — exportar toneladas de cocaína para a Europa no recheio de buchos de boi.

5

Buchos recheados

Passava das oito horas da noite daquela quarta-feira, dia 14 de setembro de 2005, quando dois portugueses se reuniram em uma das mesas encostadas à parede do restaurante do hotel Sheraton, na Barra da Tijuca, Rio de Janeiro. Apesar de visivelmente agitados, procuravam falar baixo, o que, somado à música ambiente, dificultava a vida de dois policiais federais sentados bem ao lado para ouvir a conversa. Em dois anos e oito meses de investigação da PF sobre Antônio dos Santos Dâmaso e José Antônio de Palinhos Jorge Pereira Cohen, era a primeira vez que os dois se encontravam pessoalmente. Líderes de um grande esquema de tráfico de cocaína colombiana para Portugal pelo porto do Rio de Janeiro, ambos evitavam aproximação por medida de segurança, uma vez que a quadrilha era extremamente bem organizada e compartimentada. Cohen e Dâmaso aproveitaram a oportunidade para trocar entre si folhas de papel, entre alguns goles de vinho e água mineral. Apesar do barulho, deu para os policiais ouvirem parte da conversa:

— Onde está o negócio? — perguntou Dâmaso.

— Na buchada — respondeu o outro.

Dâmaso ordenou então que "o negócio" fosse retirado do galpão no alvorecer do dia seguinte. Uma reunião foi marcada para 10h30 no "mercadinho" do Barra Shopping, próximo ao hotel.

Os dois agentes da PF deixaram o hotel perto da meia-noite. Estavam eufóricos: depois de três anos de investigação, era o momento de deflagrar uma das mais complexas operações da Polícia Federal, contra um esquema capitaneado pelos portugueses, na companhia de Cabeça Branca.[1]

A investigação começou formalmente em fevereiro de 2003, a partir de um relatório da polícia portuguesa que descrevia grandes apreensões de cocaína no país escondida em cargas de carne, bucho e tripas de boi congelados, importados por Dâmaso, um distinto empresário português, homem sério e elegante na casa dos 60 anos, de cabelos muito negros, entremeados por um ou outro fio grisalho. Irrefreável apreciador de charutos, ele era dono de uma rede de supermercados e de uma empresa de importação e exportação de carnes em Portugal, além de uma offshore em Luxemburgo.

As suspeitas da polícia de Portugal contra Dâmaso vinham de longa data. Em 1990, o empresário teria se associado ao brasileiro Antônio Mota Graça, o Curica, para enviar 280 quilos de cocaína colombiana para Portugal — na época, Curica era o "embaixador" do cartel de Cali no Brasil. Em 1995, um açougueiro de Lisboa desossava uma peça de carne importada do Brasil quando encontrou dentro dela um pacote com 15 quilos de cocaína. Assustado, entregou tudo à polícia. Os investigadores descobriram que a carne havia sido fornecida por uma empresa de Dâmaso, a Transcontinental.

No início dos anos 2000, o português havia importado do Rio de Janeiro mais de 500 toneladas de bucho. Camuflar cocaína em meio a peças bovinas parecia providencial — por se tratar de um produto perecível, a União Europeia dá direito ao comprador recusar a carga caso o contêiner tenha sido violado pela polícia, o que dificulta possíveis flagrantes. Por isso, as investigações não avançavam em Portugal, apesar das suspeitas cada vez maiores contra o empresário. Em abril de 2002, a polícia espanhola apreendeu US$ 140 mil com um subordinado de Dâmaso; um mês depois, o empresário recebeu um telefonema do Rio:

CABEÇA BRANCA

— Mandei coisa pequena, a granel.

Naquele mesmo mês, dois agentes da PF acompanharam o desembarque de Dâmaso no aeroporto do Galeão, no Rio de Janeiro, em voo vindo de Lisboa. Desconfiado, o português passou a encarar a dupla de policiais que, embora à paisana, não estava em trajes sociais, como a maioria dos passageiros no saguão. A vigilância policial precisou ser abortada.

As investigações patinavam. Após tantos anos de suspeitas sem provas, os policiais portugueses concluíram que a única maneira de prender o empresário era investigando-o a partir do Brasil. Como Dâmaso era dono de uma fazenda de 6 mil alqueires em Goiás, a Quinta da Bicuda, a apuração ficou a cargo da Superintendência da PF em Goiânia. Adquirida em 2002 por R$ 6,8 milhões (em valores atualizados) para a criação de 3 mil cabeças de gado de corte, a fazenda foi avaliada pelo Instituto Nacional de Colonização e Reforma Agrária (Incra) em R$ 16,8 milhões, em 2005. Embora a propriedade registrasse prejuízos consecutivos, ano após ano, Dâmaso nunca deixou de investir na fazenda — em cinco anos, a Quinta da Bicuda movimentou em suas contas bancárias R$ 19,6 milhões, em valores da época.[2]

Dois agentes ficaram na cola do português por oito meses. Com autorização da Justiça, seu celular e o telefone da fazenda foram grampeados. Pelas ligações, os policiais perceberam que um dos interlocutores mais frequentes de Dâmaso era Tob, que sempre telefonava para o português de um orelhão diferente em Londrina. Nas conversas, nada de comprometedor, mas, sempre que era acionado por Tob, Dâmaso viajava para o Rio de Janeiro para se encontrarem.

Pelas viagens constantes do português à capital fluminense, os agentes concluíram que as investigações só avançariam se a equipe se mudasse para a capital fluminense, base da quadrilha. Assim foi feito. Sem comunicar nada à Superintendência da PF no Rio para evitar vazamentos, os agentes goianos alugaram um apartamento minúsculo na Glória, próximo ao Centro, onde montaram uma central de escutas telefônicas. Apenas dois policiais do setor de inteligência da PF carioca foram convocados.[3]

De fato, as apurações avançaram no Rio. Os policiais descobriram que o parceiro de Dâmaso no Brasil era o compatriota José Antônio de Palinhos Jorge Pereira Cohen, homem de grossas sobrancelhas e cabelos levemente encaracolados, radicado na zona sul carioca desde a década de 1970, quando havia desertado do exército português na guerra que o país travava em suas colônias na África. Palinhos adotou no Rio o codinome Jorge Cohen, de origem judaica, tanto que o incorporou ao seu próprio nome de batismo e ao dos filhos. Ele dizia aos amigos que o sobrenome lhe dava status diante de doleiros do Rio, muitos deles judeus, entre eles Dario Messer, filho de Mordko Izaak Messer, polonês que desde os anos 1940 praticava operações ilegais de câmbio no Brasil.

Do Rio, sob a coordenação de Dâmaso, Cohen cuidava da exportação da carne com a cocaína para Portugal por meio de firmas abertas em nome de laranjas. No país europeu, a carga era recebida por um irmão de Cohen, Antônio de Palinhos, e entregue a outro português, Jorge Manoel Rosa Monteiro, encarregado de distribuí-la ao restante da Europa. O dinheiro do tráfico chegava ao Brasil por meio de doleiros, em operações dólar-cabo, irregulares, em que o doleiro recebe o dinheiro em uma conta dele na Europa e deposita igual quantia no Brasil — para essas transações, Cohen costumava usar offshores no Panamá e na Suíça. Era sempre muito dinheiro. Em junho de 2004, ele recebeu telefonema de uma mulher em Portugal:

— O dinheiro está disponível — disse ela. — Mas não podemos transferir de uma só vez 15 milhões de euros.

Para internar no Brasil os lucros da venda da droga na Europa, Cohen se valia de uma doleira de São Paulo chamada Odete Guglielmo Gastaldi.

— De lá [Portugal], eles estão para mandar, mas ainda não entrou nada — disse o português à doleira, em janeiro de 2005. — É a mesma história que você sabe: tem lá muita coisa [3 milhões de euros, segundo a PF], mas não resolve.

Cabia a Odete trocar dólares ou euros por reais e entregar as somas, sempre em ambientes fechados, à secretária do português no Rio para o pagamento de suas despesas rotineiras. O esquema contava ainda com o auxílio de gerentes de banco, que indicavam ao grupo os melhores métodos para driblar eventual fiscalização por órgãos de controle, como o Conselho de Controle de Atividades Financeiras (Coaf) — uma gerente chegou a sugerir que Cohen fizesse um empréstimo bancário para "esquentar" dinheiro ilícito. Uma investigação da Receita Federal concluiu que, entre 1999 e 2004, Cohen movimentou R$ 28,6 milhões. O português possuía ao menos dezoito automóveis de alto valor, que trocava a cada quatro meses — para que os veículos permanecessem em nome da concessionária, ele pagava à empresa uma propina de 2,5% sobre o valor do carro. Cohen gostava de exibir seus Porsches, Mercedes-Benz e caminhonetes importadas pela avenida Vieira Souto, à beira-mar, em Ipanema.

O traficante português comprou uma mansão em Búzios por US$ 7,2 milhões e várias coberturas na Barra da Tijuca; pagaria por uma delas US$ 4 milhões, em espécie. Cohen era assessorado por cartorários no Rio para declarar seus imóveis em valores muito abaixo das somas efetivamente pagas a fim de ocultar o valor real do negócio. Ele também adquiriu o Antonino, tradicional bar da zona sul carioca onde, na época, estavam sendo gravadas cenas da novela da TV Globo *Senhora do destino*, e investiu R$ 4 milhões na reforma do local. Certo dia, o filho telefonou dizendo a Cohen que iria para Búzios. O pai consentiu, mas alertou-o de que no porta-malas do carro havia uma pasta com mais de US$ 500 mil em dinheiro vivo.

A família sempre suspeitou da origem suja do dinheiro de Cohen. Em agosto de 2004, sua ex-mulher comentou com o enteado que o português entregara um carro blindado para que ela levasse o filho, ainda criança, à escola.

— Minha mãe tem medo de onde vem isso tudo. Eu tenho medo é dele — disse a ex-mulher.

Quando precisava fazer operações de dólar-cabo com grandes somas, o português acionava um telefone de São Paulo e falava com Kiko ou com Tony, codinome de dois doleiros fluminenses associados a Dario Messer: respectivamente, Clark Setton e Cláudio Fernando Barboza de Souza. Chamado de "doleiro dos doleiros" pela capacidade de lavar grandes somas de dinheiro, Messer operou durante quinze anos uma rede de 3 mil offshores em 52 países, por onde passaram 1,65 bilhão de dólares.[4] Apesar do telefone com número de São Paulo, Kiko e Tony atuavam em Montevidéu, Uruguai, paraíso fiscal para onde haviam se transferido no início de 2003, quando o caso Banestado fez o cerco da Polícia Federal contra doleiros brasileiros se fechar.

A regra número um do grupo era nunca lavar dinheiro para traficantes de drogas ou armas. Mas, nesse caso, foram enganados pelo português. Embora Cohen não constasse como proprietário formal, e sim sua ex-mulher, brasileira de origem judia, para a PF ele era o dono de fato de uma rede de pizzarias na zona sul do Rio e de um refinado restaurante na rua Barão da Torre, em Ipanema, especializado na culinária mediterrânea e frequentado por famosos como Madonna, Sting, João Gilberto e Chico Buarque. Na época, a mulher de Setton era amiga da ex-mulher de Cohen, o que conferia credibilidade ao português perante os doleiros.

Em novembro de 2004, Cohen ligou para Tony:

— Estou precisando de 800 mil reais para hoje — disse o português.

— Precisa ter um cabo na frente, porque o valor é alto — Tony disse que precisaria ter uma outra operação dólar-cabo inversa, trocando reais por dólares, para "casar" as duas movimentações. — E só posso entregar no final do dia.

— Combinado. Então pode buscar os 150 mil dólares em casa, na [rua] Prudente de Morais [no bairro de Ipanema].

Clark Setton, o Kiko, acabaria preso ainda em 2004 pela PF na Operação Farol da Colina. Já Tony só seria detido em 2017 em Montevidéu.

CABEÇA BRANCA

Extraditado para o Brasil, tornou-se delator da Operação Lava Jato no Rio de Janeiro e entregou ao Ministério Público Federal todo o sistema informatizado utilizado para contabilizar as operações ilícitas de lavagem de dinheiro e evasão de divisas. Inclusive a do português Cohen, o falso judeu.

* * *

Apesar dos grampos em mais de cinquenta telefones da quadrilha, a equipe de cinco agentes da PF tinha dificuldades em avançar na investigação. Nem sempre o bando dizia nas ligações os locais e o horário em que se encontrariam, o que, não raro, obrigava os policiais a madrugar em frente à casa do investigado para segui-lo até o local da reunião. Eles também costumavam utilizar códigos alfanuméricos para repassar dados mais sensíveis, como novos números de telefone:

— Meu carro é América, Lituânia, Tavares, Eduardo, Lituânia, Itália, Tavares, Camarões, América, México — disse Cohen a um membro da quadrilha em Portugal. — Agora, do meu amigo alternativo: América, Luiz, Eduardo, América, Camarões, Lituânia, Camarões, América, Noruega, Camarões.

Estava claro que as primeiras letras de cada palavra designavam um número. Mas o enigma nunca foi decifrado.

Os agentes suspeitavam de que a cocaína fosse armazenada em um grande galpão frigorífico com saída para duas ruas no Mercado São Sebastião, na Penha Circular, zona norte do Rio. O imóvel pertencia a Rocine Galdino de Souza, paraibano gordo e peludo que cuidava de exportação de carnes e miúdos, com destaque para bucho bovino. Rocine era viciado em jogos de azar. Gastava uma média de R$ 1 mil por dia em apostas na loteria e no bicho. Também esbanjava dinheiro com o neto, piloto de kart: eram R$ 30 mil mensais. Entre 1999 e 2005, ele movimentou em suas contas R$ 2,8 milhões.[5]

Sobre o fornecedor da droga para a quadrilha, não havia dúvida de que se tratava de Tob. Faltava saber a identidade do sujeito que, a cada ligação para Dâmaso, usava um orelhão diferente, em Londrina, principalmente, mas também em São Paulo ou Joinville (SC). No dia 25 de janeiro de 2005, Tob telefonou para Rocine de um telefone público — tempos depois, diante do juiz, ele disse usar orelhões por ser "um cara muito econômico". Combinaram de se encontrar dali a dois dias em um hotel nos Jardins, em São Paulo.

— Vai preparado para assinar os documentos — disse Tob, em linguagem cifrada.

Imediatamente, os agentes acionaram o delegado da operação para que fosse pedida à Justiça a instalação de câmera com escuta ambiente no quarto do hotel onde Tob ficaria hospedado. No início da manhã do dia 27, dois agentes se identificaram na recepção do hotel e pediram para subir até o quarto reservado para Rocine, que àquela altura acabara de desembarcar no aeroporto de Congonhas, vindo do Rio. Depois de deixar o neto, competidor de kart, no autódromo de Interlagos, Rocine foi para o hotel. Assim que chegou ao quarto, acionou a sua secretária no Rio:

— Se o irmão do Lorinho ligar, avisa ele que tô no quarto 1008.

Às 16 horas, Tob chegou ao quarto. Do lado de fora do hotel, uma equipe de agentes acompanhava ao vivo a reunião, mas, por uma falha no equipamento, não foi possível captar o áudio da conversa. Meia hora depois, Tob deixou o local e caminhou para outro hotel no mesmo bairro, onde estava hospedado. Assim que subiu no quarto, os policiais foram até a recepção e solicitaram os dados do misterioso Tob: era Carlos Roberto da Rocha, irmão caçula de Cabeça Branca. Só então os agentes concluíram que o fornecedor da cocaína era o poderoso traficante paranaense; por estar foragido depois da apreensão dos 492 quilos de cocaína no interior paulista, em setembro do ano anterior, ele pusera o irmão, até então sem passagens criminais, como seu representante junto aos portugueses.

CABEÇA BRANCA

Tob, ou Beto, mantinha uma vida de playboy em Londrina, com automóveis caros e muitas viagens ao exterior com a família. Ele costumava lavar dinheiro na compra e venda de imóveis, subfaturando a compra e superfaturando a venda, o que possibilitava "esquentar" dinheiro ilícito. Em 1999, por exemplo, o irmão de Cabeça Branca comprou um terreno em Balneário Camboriú (SC)[6] por R$ 153,8 mil e, seis anos depois, vendeu por R$ 925,5 mil, em valores corrigidos. Uma diferença de 500%.

Ele, a mulher e um casal de médicos chegaram a criar uma banda de rock e MPB, à la Abba, chamada Clave de Sol. Após alguns ensaios, apresentaram-se na festa de aniversário de um amigo. Foi um fracasso, admitiriam depois os próprios integrantes da banda, em escutas captadas pela PF. O talento de Tob parecia ser outro...

Antes de voltar para o Rio, Rocine encontrou-se com Tob mais uma vez, agora no aeroporto de Congonhas. Em um canto, o paraibano exibiu ao irmão de Cabeça Branca um papel com as despesas do galpão: R$ 30 mil só naquele mês. Tob entregou uma mala de couro a Rocine, com maços de notas de US$ 100. Total de R$ 300 mil — a diferença, concluíram os policiais, era a comissão de Rocine.

A assessoria do irmão não impediu que o próprio Cabeça Branca, chamado de Loirinho pela quadrilha, mantivesse encontros esporádicos com Rocine em São Paulo para tratar da exportação da cocaína. Três meses depois do encontro de Rocine e Tob, o traficante telefonou para o dono do galpão no Rio — foi uma das raras conversas de Cabeça Branca interceptadas pela PF na operação:

— Como é que você tá? — perguntou o *capo*.

— Tô bem, e você?

— Tá mais calmo um pouco, mas tá tudo bem — provavelmente Cabeça Branca se referia ao mandado de prisão do ano anterior.

Depois de combinarem um encontro dali a três dias, o paranaense perguntou a Rocine sobre o envio da cocaína para Portugal:

— E daí, resolveu aquele negócio do banco lá? — perguntou o *capo*.

— Nada, rapaz, eu já não tô acreditando em mais nada não. E eu preciso conversar contigo e com o seu irmão.

— Pois é, rapaz, vamos falar, então, porque [Dâmaso] disse que esse financiamento ia ser liberado e até agora nada.

De fato, no dia 4 de abril pela manhã, Cabeça Branca, Dâmaso e Rocine se encontraram no kartódromo da Granja Viana, em Cotia, na Grande São Paulo. A distância, dois agentes da PF acompanhavam a reunião, em contato por rádio com o policial Manoel Divino de Morais, coordenador da operação que estava na base dos policiais, na Glória, Rio de Janeiro:

— Acho que é o Beto Rocha — disse um dos agentes.

— Não é — respondeu Morais. — O Beto tá em Londrina.

— Então deve ser o irmão dele, parece muito.

— Vê se consegue filmar e fotografar.

— Não dá, ele já foi embora, foi muito rápido.

Duas semanas antes, um dos agentes da operação estava no aeroporto de Congonhas prestes a embarcar para um voo até Belém com escala em Brasília quando ouviu o sistema de som chamar o nome de Luiz Carlos da Rocha para o embarque no mesmo avião. Como o homem sentou-se em uma das últimas poltronas da aeronave, no corredor, no meio do voo o agente fingiu ir ao banheiro dos fundos para confirmar se realmente era o traficante que ele perseguia havia algumas semanas. O cabelo branco espetado não lhe deixou dúvida: era Cabeça Branca. Embora já estivesse com mandado de prisão na época, o agente considerou que detê-lo impediria a PF de chegar até os portugueses e a droga. Além disso, pelo fato de o agente estar sozinho, seria uma operação muito arriscada.

Aquele encontro fortuito no avião e, dias depois, a vigilância no kartódromo seriam as últimas vezes que policiais brasileiros estariam frente a frente com o maior narcotraficante do país. Dali em diante, Cabeça Branca se transformaria de vez em um fantasma.

* * *

A foto mais conhecida de Luiz Carlos da Rocha, o Cabeça Branca, data do início da década de 1990.

Paulo Bernardo Rocha (à direita), pai de Cabeça Branca, preso em flagrante com carregamento de uísque contrabandeado, em 1973.

Com copo na mão, Cabeça Branca posa para foto ao lado da então mulher, Luciana, e do traficante de drogas Erineu Domingos Soligo, o Pingo, em 1999.

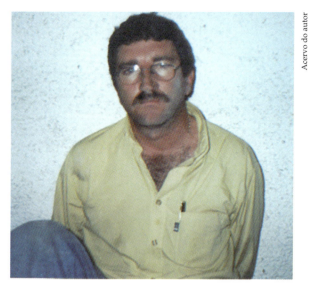

Ivan Mendes Mesquita, parceiro de Cabeça Branca no tráfico, foi preso em 2004 e extraditado para os EUA.

Outdoors espalhados pelo Paraguai na década de 2000 exibiam as fotos dos quatro criminosos mais procurados no país, entre eles Cabeça Branca e Fahd Jamil.

Cabeça Branca visita o sócio Jorge Rafaat Toumani na penitenciária de Campo Grande, em junho de 2003.

Jorge Rafaat Toumani, o "rei da fronteira", brutalmente assassinado em 2016 no Centro de Pedro Juan Caballero.

Tablete de cocaína apreendido pela PF em agosto de 2004 na região de São José do Rio Preto (SP): no total, foram confiscados 492 quilos da droga.

Ameaçado de morte por grandes traficantes, entre eles Cabeça Branca, o então juiz federal Odilon Oliveira dormia no Fórum de Ponta Porã, em 2004 e 2005.

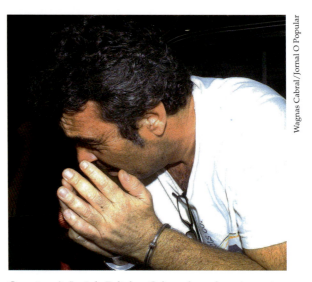

O português José de Palinhos Cohen, dono de restaurante e pizzaria na zona sul do Rio, comprava toneladas de cocaína de Cabeça Branca e exportava para a Europa.

Tabletes de cocaína dentro de buchos bovinos, prontos para serem exportados para Portugal: a PF apreendeu 1,7 tonelada da droga em um galpão no Rio.

Carlos Roberto da Rocha, o Beto ou Tob, representava o irmão nas tratativas com os traficantes portugueses radicados no Rio de Janeiro.

Com mais de um quilômetro de extensão, a palavra "Branca" – escrita com eucaliptos em fazenda do MT – só era vista do alto e orientava os pilotos que desciam com carregamentos de cocaína.

Tabela apreendida na casa de Cabeça Branca. Servia para repassar dados sensíveis aos demais integrantes da quadrilha, como números de telefone e coordenadas geográficas de pistas de pouso.

João Soares Rocha, dono de uma frota de aeronaves a serviço dos maiores narcos do continente, entre eles Cabeça Branca.

Na madrugada, policiais federais invadiram o hangar de João Rocha em Ourilândia do Norte (PA) para levantar dados dos aviões usados no esquema.

Carteira de identidade utilizada pelo *capo* de Londrina com o nome falso de Vitor Luís de Moraes.

O colombiano Ruben Mogollon fazia a ponte entre Cabeça Branca e João Rocha na contratação dos fretes aéreos para o transporte de cocaína.

O delegado da Polícia Federal Elvis Secco.

Bruno, Rafael e Luíza, filhos de Cabeça Branca: a vida de luxo levantou as primeiras suspeitas da base de inteligência da PF em Londrina.

Casa de Cabeça Branca em bairro de classe média alta em Osasco (SP).

Câmeras de vigilância registram a chegada de Cabeça Branca com a mulher e o filho bebê em shopping de São Paulo em 2017.

No elevador de um shopping de São Paulo, Cabeça Branca (de camiseta azul-escura) conversa com seus dois gerentes de logística do tráfico: Marcelo Gregolin Anacleto, o Garotão (loiro de camiseta azul clara), e Alessandro Rogério de Aguiar, o Ursinho (com camiseta listrada).

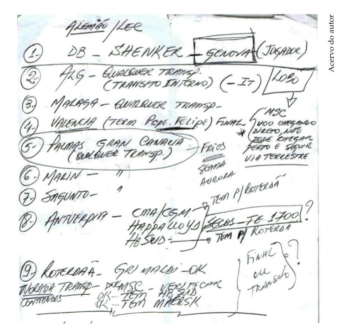

Anotações de Cabeça Branca sobre portos europeus para onde ele exportava cocaína pura.

Malas recheadas com US$ 3,4 milhões apreendidas pela PF na casa de Cabeça Branca em Osasco (SP).

Luiz Carlos da Rocha instantes após ser preso pela Polícia Federal em Sorriso (MT).

CABEÇA BRANCA

Com o organograma da quadrilha dos portugueses no Rio pronto, faltava à PF a prova do crime — apreensões da droga movimentada pelo grupo. Rocine telefonava com frequência para Cohen. Aflito, pedia que dessem "um jeito no negócio", que "estava demorando demais". O português pedia calma. Enquanto isso, ainda no primeiro semestre de 2005, Tob pressionava Dâmaso a exportar logo a cocaína:

— Falou com o Velho? — perguntou o irmão de Cabeça Branca, referindo-se a Rocine.

— Falei dias atrás.

— Não tem previsão nenhuma?

— Por enquanto está-se a tentar, as coisas vão indo.

— Então tá bom.

— Fica tranquilo. É o nosso emprego.

Semanas depois, Tob telefonou novamente para o empresário:

— Alguma novidade?

— Não. As coisas ainda não estão... Fica descansado porque eu vou cumprir com aquilo que eu falei que tem que ser feito.

— Você acha que naquele prazo mais ou menos vai dar?

— Talvez mais um pouquinho.

Tudo indica que os irmãos Rocha só receberiam o pagamento pela cocaína fornecida aos portugueses depois que a droga fosse exportada e distribuída na Europa. Por isso pressionavam pelo desfecho rápido do negócio. Não era pouco dinheiro: 4 milhões de euros, conforme diálogo entre Cohen e o irmão Antônio de Palinhos. Cohen estava contrariado por intermediar o pagamento a Cabeça Branca. E chegou a esnobar a quantia envolvida no negócio:

— A Mariazinha [Dâmaso] fala pra mim: "Porra, que é que tu queres, se não receberes o dinheiro aqui, ninguém mais recebe o dinheiro, que não tem mais como pagar porra nenhuma." E eu falei: "Mas não vou receber dinheiro que é dos outros, caralho." "Não, mas se tu [não] mandares o dinheiro, quem é que vai mandar o dinheiro?" [Cohen imita a voz do patrão.] Eu falei assim: "Foda-se, 4 mil reais qualquer um leva no bolso, caralho."

Cohen repassou ao irmão a exigência de Cabeça Branca quanto ao pagamento: precisava ser à vista.

— A Teresa [Cabeça Branca] disse que também só recebe 4 mil de uma vez, senão também não ia receber porra nenhuma. E ele [Dâmaso] falou: "Não, não, é isso mesmo, senão não tem papo, [...] não vamos nem dividir em prestações."

Em outra conversa com o irmão em Portugal, Cohen, contrariado com o atraso na exportação da carne com cocaína, escorregou nas palavras:

— Não quero mais envolvimento em pó nenhum.

Apesar das conversas comprometedoras, passados dois anos da investigação ainda não havia movimentação de carregamentos de cocaína, para preocupação dos agentes. Como eles não sabiam ao certo se a droga já estava no galpão ou se seria levada para lá, consideravam precipitada uma invasão ao imóvel — se não encontrassem a cocaína no local, a investigação estaria arruinada.

Integrante da equipe de investigação, o agente Roberto de Araújo estava especialmente desapontado. Decidiu então ouvir mais uma vez as centenas de horas de escutas telefônicas captadas. Parou em um diálogo entre Rocine e um integrante da quadrilha chamado Capixaba, ligado a Tob.

— O menino lá foi hospitalizado, viu — informou Capixaba.

— Hein?

— O menino foi hospitalizado sexta-feira.

— Foi?

A conversa tinha ocorrido no fim da tarde do dia 25 de agosto de 2004. No dia seguinte, nova ligação de Capixaba para Rocine. Pedia para o paraibano "ficar de olho lá, né", uma referência ao galpão. No dia 27, um funcionário de Rocine repassou recado de Dâmaso:

— Ele falou pra você tratar de arrumar um espaço em outro lugar lá.

Araújo pesquisou nos arquivos da Polícia Federal se houvera alguma apreensão de droga na tal sexta-feira anterior ao dia 25.

CABEÇA BRANCA   109

Descobriu que sim: era justamente o carregamento flagrado na usina em Orindiúva, interior paulista, na Operação Fronteira. O agente não escondeu o sorriso de uma descoberta surpreendente: aqueles 492 quilos de cocaína apreendidos iriam até o galpão de Rocine. Chamou os demais policiais e, juntos, refizeram a trajetória das apurações. A conclusão era óbvia: não havia movimentação de droga porque toda ela já estava dentro do galpão, após cruzar o Brasil. A quadrilha só esperava repor o carregamento apreendido para despachar tudo de uma vez para Portugal. O raciocínio foi reforçado por telefonema de Cohen de outubro daquele ano:

— A comadre aí, vai ter que deixar lá mesmo.

Mas, ao que tudo indica, a nova carga de droga ficou só na intenção. O grupo abriu uma empresa fantasma de exportação na Bahia e, no fim de agosto de 2005, recebeu no galpão da Penha 50 toneladas de bucho de boi de um frigorífico de Fernandópolis (SP) — o descarregamento foi filmado pelos policiais federais. A carne iria na parte da frente do contêiner, para despistar o bucho já preparado com a cocaína, na parte de trás.

A chegada do bucho deixou Rocine apreensivo, mas, por telefone, Dâmaso procurava tranquilizá-lo.

— Tá preocupado, é? — perguntou o português.

— Porra! Tu vai vir quando?

— Fica calmo. Até dia 5 eu tô aí perto de você, tá?

A prisão da quadrilha foi marcada para o dia 19 de setembro, quando Dâmaso chegaria ao Brasil após uma temporada em Portugal. Mas no início daquele mês uma outra equipe da PF do Rio que não fazia parte da operação foi até o galpão. Os policiais queriam que Rocine explicasse uma operação de fechamento de câmbio. Quando os agentes saíram, o paraibano, preocupado, telefonou para Cohen, que acionou Dâmaso. Apreensivo, o empresário português antecipou sua vinda ao Brasil para o dia 14. Na noite daquele mesmo dia, convocou uma reunião com Cohen e Rocine no restaurante do hotel Sheraton da Barra da Tijuca — foi a conversa narrada no início deste capítulo, que levou a PF a deflagrar a operação.

Os delegados e agentes tinham de correr contra o relógio para adiantar toda a operação naquela madrugada, sob a coordenação do delegado Ronaldo Magalhães Botelho Martins. Às 10 horas, conforme o combinado no dia anterior, Dâmaso, Cohen e Rocine sentaram-se em uma das mesas da praça de alimentação do shopping, àquela hora ainda vazias. Minutos depois, também chegou Tob, vindo de Londrina. Um grupo de agentes à paisana se aproximou da mesa.

— Bom dia. Sou Samuel Reis, da Polícia Federal. Vocês estão presos.[7]

Dos dezenove integrantes da organização, dezessete seriam detidos naquela manhã. Dois escaparam, incluindo Cabeça Branca. Nos imóveis do grupo, foram apreendidos R$ 2 milhões em notas de real, euro e dólar. No galpão, os agentes encontraram 1,69 tonelada de cocaína em tabletes, escondida no interior de 50 toneladas de bucho de boi. Nos tabletes, a marca "Toto 100% pureza", a mesma daquela apreendida um ano antes no interior paulista — Toto era um dos apelidos de Dâmaso.

Era o fim de uma das maiores quadrilhas de narcotráfico do país — em depoimento à Justiça tempos depois, Rocine diria que só em 2003 a organização enviou a Portugal mais de 20 toneladas de cocaína, divididas em três grandes carregamentos. A PF não tem dúvida de que toda essa droga tinha origem na Colômbia, fornecida aos portugueses por Cabeça Branca. Em 2017, policiais federais apreenderam na casa desse último em Osasco uma carta de dois anos antes assinada por um português, "Jorge Manuel" — a suspeita é de que se trate de Jorge Manoel Rosa Monteiro, sócio de Dâmaso no tráfico de cocaína e alvo da Operação Caravelas — endereçada a "Beto", possivelmente o irmão de Cabeça Branca. "Desejo-te tudo de bom, na companhia da tua família, pois nós cá estamos indo. Desculpa estar a falar-te desta forma, pois não tenho nenhum contato vosso, e gostaria de falar convosco. [...] Responde-me com algum contato para podermos falar."

CABEÇA BRANCA

No mesmo endereço do traficante em Osasco, a PF também encontrou outra carta, desta vez endereçada a "Manel", mas sem a identificação do remetente:

Em relação ao que nós falamos é o seguinte: ele vai ligar para ti para mandar alguém aí pessoalmente falar contigo e combinar como pode funcionar e [ilegível] eu não sei qual é o tipo de produto. Mas nós falamos aqui a açúcar mascavo embalagem "big bague" ou em sacos de 60 kg. Sobre o destino, para mim lá em cima é melhor, deves te lembrar. Falamos até com o amigo do peito, mas isso é uma situação que deves estudar. [...] Sobre as responsabilidades, nem é preciso falar, é uma oportunidade única, portanto tudo tem que funcionar dentro de uma honestidade exemplar, eu sou o primeiro responsável, espero não ser decepcionado porque [...] o prejuízo foi muito grande para todos nós. [...] Quanto à margem de lucro do negócio é de 27%. A minha participação nos lucros da empresa é a seguinte: depois de descontar todas as despesas e salários dos empregados, o restante seria dividido em 50% entre mim e ti. Só nesta forma é que eu aceito o negócio, sempre foi assim que se trabalhou. Se tiveres alguma dificuldade na comercialização, eles ficam com a mercadoria e nos pagam em dinheiro, o preço seria o de mercado que eles comercializam. Sobre o que me for pago, eu dou-te o contato do Bernardo, entregas para ele que depois ele o encaminha.[...] Um abraço. Depois de leres, rasga.

A Polícia Federal suspeita que o Bernardo citado seja Geraldo Bernardo Rocha, primo de Beto e de Cabeça Branca.

* * *

A Operação Caravelas tinha tudo para ser a glória para a Polícia Federal. Mas não foi. E um indício do que viria surgiu ainda naquela manhã do dia 14. Quando chegaram ao galpão na Penha, logo após prender os líderes da quadrilha, os agentes que haviam participado das investigações desde os primórdios em Goiás encontraram um circo midiático. Mais de cinquenta policiais com uniforme preto e distintivo posavam para as câmeras de TV diante das toneladas de bucho — quase nenhum deles havia participado da investigação. Na manhã do dia seguinte, quando o delegado Martins retornou ao galpão, constatou que toneladas de carnes nobres, além de mesas e computadores, haviam sumido.[8]

A desgraça maior da Operação Caravelas, no entanto, estava por vir. Os R$ 2 milhões em dinheiro vivo apreendidos foram levados para a sala-cofre, fechada por uma porta de ferro e outra de madeira, no quarto andar da Superintendência da PF no Rio, na praça Mauá. A ideia do delegado Martins era encaminhar dinheiro e veículos para a PF de Goiânia dali a quatro dias, numa segunda-feira. Os automóveis iriam em dois caminhões-cegonha alugados, e o dinheiro, em um avião da PF.

Na noite de sexta-feira, o agente Marcos Paulo da Silva Rocha, homem com fama de truculento entre os próprios colegas, procurou o escrivão Fábio Marot Kair, responsável pela guarda da dinheirama na sala-cofre. Rocha queria convencer Fábio a lhe entregar as chaves da sala para furtar o dinheiro. O escrivão aquiesceu. Entregou as chaves e ainda fez um mapa da localização do saco com as notas dentro da sala. Na manhã seguinte, Rocha convidou um amigo, apelidado de Bira, para participar do crime. Um "serviço mole" em troca de R$ 200 mil. Às 6 horas de domingo, Rocha seguiu para a Superintendência levando Bira escondido no porta-malas. No estacionamento vazio, o comparsa foi para o banco da frente do carro enquanto Rocha entrava no prédio. Bira ficou no automóvel até o início da madrugada de segunda. Era pouco mais de uma 1 hora quando o agente foi buscá-lo. Com uma mochila e um pé de cabra, subiram até o quarto andar. Em um banheiro, Rocha entregou as chaves e repassou os planos.

Bira atravessou uma porta de vidro, aberta. Passou pela segunda após digitar uma senha fornecida por Fábio a Rocha. Seguiu por um

CABEÇA BRANCA

longo corredor até a sala do escrivão. Simulou o arrombamento dos armários, pôs na mochila uma pistola de Fábio — para despistar as suspeitas contra o escrivão — e seguiu para a sala-cofre. Abriu as duas portas e tirou do bolso um pedaço de papel. Era o mapa da sala feito pelo comparsa. Seguindo as instruções, deu um passo à frente, virou o corpo para a esquerda e inclinou a cabeça para cima. Viu um saco plástico sobre um armário de ferro. Colocou o dinheiro na mochila, deixou a porta de ferro encostada e jogou as chaves debaixo de um sofá, conforme previamente combinado. Às 2h30, Bira voltou ao carro de Rocha. Ficaria até 5h30, quando o agente encerrou o plantão.

Três horas depois, o delegado Martins entrou no prédio. Chegara mais cedo decidido a despachar logo o dinheiro para Goiânia. Mas ainda no corredor foi abordado por uma escrivã aos prantos.

— Doutor, roubaram todo o dinheiro da operação.

Antes do almoço, uma equipe de corregedores da PF vinda de Brasília já estava no Rio para apurar o caso. Desde o início, as suspeitas recaíram sobre Fábio. Ele negou, mas, dez dias depois, diante de um vídeo em que aparecia ao lado do agente Rocha assassinando dois homens à queima-roupa, o escrivão cedeu, admitiu o furto e decidiu colaborar com as investigações. Os três foram presos. Faltava localizar o dinheiro levado pelo trio. Rocha admitiu o crime, mas se negava a dizer o paradeiro do montante. Até a manhã do dia 14 de outubro, quando uma ligação anônima à PF levou um grupo de agentes até a praça Afonso Pena, na Tijuca, onde uma sacola com parte do dinheiro fora abandonada dentro de uma lata de lixo. Dentro, R$ 670 mil. O restante, mais de R$ 1 milhão, nunca seria recuperado. Rocha, Bira e Fábio foram condenados por peculato e expulsos da Polícia Federal.

Quanto ao grupo chefiado por Cabeça Branca e pelos portugueses, todos foram condenados por tráfico internacional de drogas, associação para o tráfico e lavagem de dinheiro. Dâmaso, Tob, Cohen e Rocine tiveram culpa reconhecida tanto pela 11ª Vara Federal de

Goiânia quanto pelo TRF. Mesmo foragidos, Cabeça Branca, Antônio Palinhos e Jorge Monteiro foram condenados a dezenove anos cada pelos mesmos crimes. A megafazenda de Dâmaso foi vendida ao Incra para abrigar 68 famílias sem-terra. Os automóveis de luxo e todos os imóveis acabaram leiloados. Em novembro de 2009, Cohen conquistou o direito de migrar para o regime semiaberto — ao conceder a ele o benefício, o Tribunal Regional Federal da 1ª Região ignorou que o português possuía outro mandado de prisão preventiva vigente, em ação penal por lavagem de dinheiro.[9] Na época, a PF descobriu que ele vinha comandando um esquema de tráfico de drogas de dentro da penitenciária em Aparecida de Goiânia utilizando um celular habilitado em nome do então diretor do presídio.[10] No primeiro dia de serviço em uma fábrica de Goiânia, ele fugiu para Portugal. Em Aveiro, norte do país, montou uma empresa sediada em paraíso fiscal e passou a atuar no ramo imobiliário. Em maio de 2011, após seu nome ingressar na lista vermelha da Interpol, foi preso pela polícia portuguesa durante a inauguração de uma pizzaria dele na cidade. Um mês depois, no entanto, acabou libertado pela Justiça de Portugal, que não recebeu o pedido de extradição do traficante do governo brasileiro.[11] Em dezembro de 2019, estava foragido,[12] assim como Antônio Dâmaso e seu irmão Antônio de Palinhos. Em 2017, Dâmaso abriu uma offshore em Luxemburgo, denominada Eco Car SARL, que permanecia em atividade até a conclusão deste livro.

Já Cabeça Branca escapara mais uma vez. Ficou sem a parceria com os portugueses e sua lavanderia de dinheiro em Goiás e no Rio de Janeiro. Mas manteve intacto um esquema muito mais sofisticado de branquear o capital das drogas, por meio de doleiros que ganhariam fama na Lava Jato.

6

Narcopolítica

Ceará chegou um pouco atrasado ao escritório da UTC Engenharia, nos últimos andares de um edifício largo da avenida Nilo Peçanha, centro do Rio. Como de hábito, dirigiu-se à secretária e pediu para falar com Antonio Carlos Miranda, um dos diretores da empreiteira. Era setembro de 2013 e Ceará cumpria mais uma missão dada pelo chefe, o doleiro Alberto Youssef: entregar dinheiro vivo para a UTC repassar a políticos ligados aos interesses escusos da empresa. Ceará era parceiro de negócios de Youssef desde 2000, quando se conheceram em Foz do Iguaçu (PR). Na época, Youssef tinha uma casa de câmbio na cidade e contratou Ceará para transportar dinheiro — ilícito, invariavelmente. Foi Youssef quem lhe deu o apelido que o tornaria famoso no mercado financeiro paralelo, devido à sua origem nordestina, embora Carlos Alexandre de Souza Rocha fosse de Recife. Houve um afastamento momentâneo da dupla quando Youssef foi preso pela primeira vez em 2003, no caso Banestado, mas ambos retomaram a parceria no auge do esquema de desvios de dinheiro da Petrobras.

Youssef e Ceará atuavam nas duas pontas do esquema fraudulento: entregavam dinheiro vivo tanto às empreiteiras sequiosas por contratos públicos superfaturados quanto para os políticos que recebiam propinas dessas empresas para fazer valer seus interesses na máquina pública.

— Mas por que esses caras não pedem dinheiro à Dilma? — perguntou Ceará a Youssef.

— Você é burro? Você acha que os políticos vão pedir diretamente pra ela? Eles pedem cargos e nos cargos eles fazem o caixa dos partidos — respondeu o doleiro.[1]

Apesar de certa ingenuidade inicial, Ceará era eficiente no que fazia. Colava as notas na perna com plástico filme e vestia a calça por cima — se fossem notas de R$ 50, conseguia levar até R$ 150 mil por viagem; se as notas fossem de R$ 100, transportava o dobro do valor. Era comum ser recebido por dois ou mais políticos reunidos em um apartamento funcional de Brasília. Ceará pedia licença, ia até o banheiro retirar as notas, dividia os valores e entregava os respectivos quinhões aos corruptos.

Com empreiteiras como a UTC, o serviço era idêntico.

— Ainda bem que esse dinheiro chegou, porque eu não aguentava mais a pessoa me cobrando tanto — desabafou Miranda naquele setembro de 2013, no Rio.

— Quem é essa pessoa? — perguntou o doleiro.

— Aécio Neves.

Ceará ficou surpreso:

— Mas o Aécio não é da oposição?

— Ceará, aqui a gente dá dinheiro pra todo mundo: situação, oposição, pessoal de cima do muro, pessoal do meio de campo, todo mundo.

— Oxente, mas Aécio não mora em Minas?

— Ele tem um apartamento aqui. Vive muito no Rio de Janeiro.

A cena acima consta da delação de Ceará na Lava Jato, após sua prisão em março de 2014 em Balneário Camboriú (SC), na primeira fase da operação. As investigações apontaram que, além de entregar dinheiro vivo para Youssef, Ceará mantinha seus próprios esquemas de lavagem. E não era qualquer esquema, como mostraram grampos da Lava Jato em suas ligações telefônicas:

— Não fica dando as minhas contas pra esse negócio, não me interessa não, bacana. Negócio de 15, 10 mil, 20 mil, esses negócios

CABEÇA BRANCA

não me interessam não. [...] Eu não trabalho com varejo não. [...] Abaixo de 50 mil nem conversa comigo, porque não me interessa, entendeu? [...] As contas do meu cliente são muito grandes.[2]

Boa parte da liquidez de Ceará e de Youssef tinha origem no tráfico de cocaína. Em um e-mail, a doleira Nelma Kodama, amiga da dupla, escreveu que Ceará "vive pela Europa, recolhendo dinheiro dos amigos do tráfico". Entre 2007 e 2013, o doleiro fez mais de 90 viagens ao exterior. Entre os *narcos*, um tinha o status de cliente VIP por ser o maior deles: Cabeça Branca. Como o *capo*, Youssef era de Londrina e também começara sua vida criminosa no contrabando — ainda jovem, ele tornou-se sacoleiro, trazendo muamba do Paraguai. De acordo com Ceará, Youssef atuava como doleiro para Cabeça Branca, a quem chamava de "Roque", pelo menos desde 1992, e ambos mantinham uma conta-corrente para as operações de lavagem de dinheiro do tráfico. Ceará chegou a ver os dois juntos em um shopping de São Paulo, uma cena raríssima, já que Youssef escondia o cliente traficante dos demais, políticos ou empresários. Tanto que os negócios com Roque foram omitidos na delação de Youssef com a força-tarefa da Lava Jato — nem por isso o acordo foi rescindido pelo Ministério Público. Durante as buscas da Operação Spectrum, em 2017, os agentes apreenderam documentos que ligam o doleiro a Cabeça Branca.

Já Ceará começou a operar para o traficante paranaense em 2016, depois de um reencontro casual em um mercado dos Jardins, em São Paulo. Àquela altura, o doleiro, assim como o parceiro Youssef, já havia assinado acordo de delação com a Lava Jato (em que narrou a conversa com o empreiteiro da UTC sobre Aécio Neves descrita no início deste capítulo) e ganhou a liberdade com várias condições, entre elas a de não retomar as atividades no mercado paralelo — a primeira que descumpriu.

Segundo Ceará, ele havia conhecido Cabeça Branca quatro anos antes, em uma festa de brasileiros que haviam estudado no Tasis American School, em Lugano, Suíça, entre eles o filho de Ceará e a filha do traficante, a advogada Luiza Pigozzo Rocha. Coincidência ou não, a PF encontrou indícios de que parte do patrimônio de Cabeça Branca está em contas na Suíça — em um dos celulares apreendidos na casa dele em Osasco, os policiais encontraram foto da fachada de um escritório de contabilidade suíço. A suspeita é de que o traficante recebia os pagamentos dos compradores na Europa por meio de contas bancárias administradas por um grupo de colombianos em Zurique.

Tão logo saiu da cadeia, no início de 2016, o doleiro passou a trocar por reais os dólares que Cabeça Branca recebia da Europa como pagamento pelas remessas de cocaína e entregar as somas para Wilson Roncaratti, também de Londrina, amigo de Cabeça Branca desde os anos 1970, a quem cabia investir o dinheiro na compra de fazendas em Mato Grosso, em nome de laranjas, e também levar valores até os filhos do traficante, baseados no Paraguai, conforme será narrado mais adiante. Um dos principais laranjas do traficante na compra de fazendas era Hamilton Brandão Lima, um corretor de imóveis rurais em Mato Grosso. Ele disse ter conhecido o pecuarista Vitor, nome falso de Cabeça Branca, em um hotel de Guarantã do Norte (MT) em 2012. Na época, segundo ele, Vitor procurava fazendas para comprar na região. Meses depois, Lima levou o pecuarista para conhecer a fazenda Pôr do Sol, de 600 hectares, em Marcelândia, próximo a Guarantã. Vitor quis comprar a fazenda, com uma condição: a propriedade deveria ser registrada no nome de Lima. Em troca, o corretor ficaria com 20% do valor da venda e o mesmo percentual sobre o lucro da propriedade, onde havia plantio de soja. Lima aceitou a proposta — "pareceu o negócio da vida", disse à PF —, embora "no começo a fazenda não dava lucro, e o prejuízo era sempre coberto por depósitos de Vitor" na conta do corretor. O traficante pagou R$ 1,48 milhão pela propriedade, em dinheiro vivo.

Com o tempo, segundo a Polícia Federal, Lima tornou-se o gerente dos negócios de Cabeça Branca na região, colocando em seu nome outras fazendas do traficante no norte de Mato Grosso. O *capo* deu a ele um aparelho celular e ordens para que, naquele telefone, Lima

CABEÇA BRANCA

e o pai dele, Pedro Araújo Mendes Lima, só se comunicassem com Cabeça Branca, em um circuito fechado de comunicação à prova de qualquer possível interceptação da polícia. Além de auxiliar o filho a lavar o dinheiro das drogas, Pedro, segundo a PF, cuidava de um garimpo pertencente ao traficante no sul do Pará — a suspeita é de que o traficante também lavasse dinheiro no comércio de ouro.

— Papai saiu com o marido da tia, tio Pedro. [...] Ele foi ver os bois lá na fazenda com o tio, disse a mulher de Cabeça Branca para o filho bebê, depois de sair de uma conversa ao telefone — ela esqueceu de desligar o celular e a conversa foi captada pela PF.

Em maio de 2017, Cabeça Branca remeteu dinheiro vivo para Lima por meio de um mula hospedado em hotel de Sinop (MT).

"O rapaz se chama Geraldo está no Apto 670." / "Se ele perguntar a senha [antes de dar o pacote de dinheiro] fala que é Leão Lobo", escreveu o traficante no WhatsApp.

O traficante também orientava Lima a enviar e-mails de lan--houses "ou fax de algum lugar que nao seja vinculado a vc".

O gerente e laranja de Cabeça Branca tratou de angariar uma rede de pequenos correntistas na região, que lhe emprestavam suas contas para movimentar os recursos da venda de cocaína em troca de pequenas comissões, entre R$ 200 e R$ 400 para cada depósito. Essa rede incluía o ex-prefeito e ex-vereador de Brasnorte (MT) Eudes Tarciso de Aguiar (DEM), cuja empresa possuía uma fazenda de 920 hectares, comprada por R$ 3,2 milhões, que de fato pertencia a Cabeça Branca, de acordo com a PF. Aguiar também era dono de uma madeireira autuada pelo Ibama por desmatamento ilegal:

— Também eu meti fogo. Fiz serviço completo. Já que é pra tomar no cu, toma igual vaca, de pé e berrando — disse em conversa no aplicativo WhatsApp recuperada pela polícia.

Nas eleições de 2016, quando não conseguiu se reeleger para a Prefeitura de Brasnorte, o maior doador da campanha de Aguiar foi o irmão dele, Alessandro, gerente de uma das rotas de exportação de cocaína pelo porto de Paranaguá (PR), conforme se viu no capítulo 1. Entre 2013 e 2016, o ex-prefeito movimentou R$ 1,27 milhão em suas contas, o dobro do que ele declarou de rendimento no mesmo período, segundo a Receita Federal.[3]

Ao quebrar o sigilo bancário de uma das empresas de Aguiar, a PF encontrou depósito de R$ 175 mil oriundo do Instituto Biodiversidade, uma Organização da Sociedade Civil de Interesse Público (Oscip) responsável por contratar médicos para prefeituras de Mato Grosso. O responsável pelo instituto, Júlio César Vieira, responde a uma ação civil pública por improbidade administrativa ao lado do ex-governador de Mato Grosso Silval Barbosa, acusados de desvio de recursos em um contrato de R$ 3,5 milhões entre o estado e uma Oscip de Vieira.[4] Para os policiais, o dinheiro depositado pelo Instituto Biodiversidade na conta da empresa do ex-prefeito era de Cabeça Branca — a PF apreendeu na casa do traficante em Sorriso um papel em que constam o CNPJ e os dados da conta bancária do instituto.

O esquema de lavagem de dinheiro do *capo* do narcotráfico no Brasil envolvia até mesmo pistoleiros travestidos de testas de ferro, como ficaria claro a partir do momento em que a Polícia Federal prendeu Cabeça Branca, em julho de 2017:

— "Tem um dinheirão na minha conta", ele falava [para mim] — disse uma mulher não identificada em diálogo captado pela PF.

— Agora vai descobrir as matanças tudo, entendeu? As matanças... [...] A Federal agora busca tudo, as matanças que eles fizeram nesses trinta anos. Entendeu? — afirmou o interlocutor dela, ligado a Hamilton Lima.

— Meu Deus.

— De matança e tráfico de drogas.

Hamilton Brandão Lima enriqueceu rapidamente como testa de ferro de Cabeça Branca: à Receita Federal, ele declarou patrimônio de R$ 2,13 milhões, dos quais R$ 1,84 milhão em dinheiro vivo. Além disso, o Fisco encontrou dezenas de depósitos em contas de Lima com valores ligeiramente abaixo de R$ 10 mil, uma estratégia para não chamar a atenção do Coaf, a quem cabe reportar ao Ministério

CABEÇA BRANCA 121

Público movimentações financeiras suspeitas em valores acima desse montante. O antigo corretor de fazendas tornou-se assim mais um titular de conta bancária utilizada por Cabeça Branca para movimentar seu império sem chamar a atenção — ele responde a ação penal por lavagem de dinheiro. Tudo com o auxílio do doleiro Ceará.

* * *

A Polícia Federal obteve imagens de um dos encontros de Ceará com Roncaratti, o gerente financeiro de Cabeça Branca, em um posto de combustível às margens da rodovia Castello Branco, em Pardinho (SP) — provavelmente, Roncaratti saíra de São Paulo com destino a Ponta Porã (MS). Por medida de segurança, o amigo de juventude de Cabeça Branca exigia uma senha de quem recebia ou entregava dinheiro a ele, combinada previamente, para certificar-se de que a transação seria com a pessoa certa: o número de série de uma das cédulas de dólar que ele carregava. Parte do dinheiro das drogas acabava em Mato Grosso, onde era lavado na compra de mais terras e de gado.

Em alguns casos, em vez de entregar dinheiro em espécie para Roncaratti, o traficante pedia para Ceará depositar os dólares em contas de laranjas, espalhadas pelo Brasil. Para evitar possíveis grampos, a comunicação entre Cabeça Branca e o doleiro era feita em circuito fechado, no qual os celulares só faziam ligação entre si.

Parte da entrega de valores para o preposto de Cabeça Branca era feito em dois quartos de um hotel próximo ao aeroporto de Congonhas, na capital paulista, em nome de laranjas do doleiro.

— Eu sou do [quarto] 5805 e deixei para o rapaz do 5705 de nome que o senhor já sabe, pegar. Com certeza, você chegando lá, dizendo "eu vim pegar uma encomenda aqui... eu ocupo o apartamento 5705, vim pegar uma encomenda do meu amigo 5805". Com certeza vão entregar.

Em alguns casos, Cabeça Branca recebia pagamentos do doleiro em automóveis, utilizando o nome do faz-tudo Roncaratti:

— Primeiro eu transferia esse carro pra cá, entendeu, no nome do Empresário [Roncaratti], aí eu só ia com ele ali, entendeu, no despachante rapidinho, que já tá esperando, que eu já liguei pro menino da loja, e já liberava o carro, entendeu.

Mas o traficante considerou a manobra arriscada e sugeriu mais uma transferência do veículo, para despistar possível fiscalização:

— Eu não quero que transfere do seu nome direto para o do Empresário [Roncaratti]. Nós já tínhamos falado sobre isso. Vamos transferir pra uma outra, pra um terceiro, depois transferir pro Empresário.

O traficante costumava fazer operações ilegais com altos valores. Entre os dias 19 e 24 de abril de 2017, Ceará trocou, por reais, US$ 500 mil para Cabeça Branca, conforme diálogos contidos no celular do traficante apreendido pela PF.

— Meu amigo, veja hoje o máximo que cê consegue desses 500, já vamos deixar meio engatilhado, hoje ou no máximo amanhã. [...] Eu tenho que tá com isso aqui até o dia 25. [...] Vamos começar mexer urgente isso aí, tá, ordenou o traficante.

— Eu não tenho problema de sair daqui já amanhã, ou depois de amanhã, já com uma parte, sei lá. Porque é muito erre, né.

Roncaratti entregou US$ 500 mil a Ceará em um shopping da capital paulista e saiu de lá com um veículo recheado com reais deixado pelo doleiro no estacionamento do local.

— A hora que você estiver saindo de lá, você me avisa, e eu aviso o Empresário e ele vai lá [...]. Agora, veja bem, ele vai de táxi, tá, ele vai de táxi. Automaticamente, você entregando o carro pra ele, cê também vai ter que pegar um táxi, pra nós falarmos. Cê deixa o carro com ele e vamos ver um local pra gente se encontrar depois, que eu preciso falar com você.

No final de 2016, a poucos dias do Natal, Cabeça Branca procurou Ceará para trocar US$ 80 mil, dinheiro que, segundo ele, seria utilizado em uma viagem a lazer durante as festas de fim de ano.

CABEÇA BRANCA

— Me dá uma hora que eu vou tentar agilizar tudo pra pessoa juntar esses reais aí e entregar pro senhor e o senhor entregar esse papel [dólares] — disse o doleiro no dia 19 de dezembro.

Pela cotação da época, Ceará deveria entregar R$ 250 mil para o traficante. Mas o doleiro não tinha tantos reais em espécie e precisou pedir o auxílio de outro cambista.

Pelo combinado, um funcionário do doleiro, chamado por ele de "menino", iria se encontrar com Cabeça Branca às 11h30 da manhã daquele dia 19 em um café no Shopping VillaLobos, em São Paulo. Por medida de segurança, para receber os dólares do traficante, Cabeça Branca deveria dizer uma senha ao "menino": *panna cotta*. Os reais correspondentes seriam depositados em uma conta bancária indicada pelo *capo*.

— Eu falei que o senhor vai tá de boné, que era uma pessoa magra, meia-idade, né. Meia-idade assim, mais pra jovem, claro, né — disse o doleiro.

Mas o rapaz demorava a chegar e Cabeça Branca ficou irritado com Ceará:

— Que caralho é esse de marcar horário e não cumprir, rapaz? Eu cheguei aqui quinze minutos antes e esses porcarias não chegaram aqui até agora ainda.

— Meu amigo, ele tá estourando aí, já. Consegui falar com ele em cima da moto. [...] É que ele disse que é muito longe da base dele. [...] Tenha mais um pouquinho de paciência, por favor.

— Eu tenho paciência, meu amigo, só que você sabe que eu te-nho... Lembra que eu te falei que eu tinha um compromisso meio--dia? [...] Então eu não posso ficar aguardando muito tempo também, que eu tenho outros compromissos importantes, amigo. Final de ano, correria danada. [...] Vou esperar porque é final de ano e eu vou sair de viagem hoje e já fiz compromisso com esse dinheiro, senão também já ia embora e mandar esse cara à merda.

O rapaz chegou com mais de uma hora de atraso. Pegou o pacote com os dólares e andou ligeiro de volta para a sua moto, no estacionamento do shopping. Os reais de Cabeça Branca foram depositados em uma empresa de Cuiabá, a Fama Serviços Administrativos Ltda. Foram treze depósitos no valor total de R$ 283,9 mil — havia um pequeno saldo de R$ 33,9 mil em favor do traficante que Ceará aproveitou para quitar na mesma operação. Os comprovantes dos depósitos foram encontrados pela PF no celular de Wilson Roncaratti, o faz-tudo de Cabeça Branca. Lavado, o dinheiro foi então gasto pelo *capo* na viagem de férias.

Ceará utilizava com frequência a empresa de Mato Grosso para lavar o dinheiro de Cabeça Branca, o que aproximava os dólares do tráfico das propinas supostamente pagas a políticos daquele estado. Em delação, o ex-presidente da Assembleia Legislativa de Mato Grosso, José Riva (ex-PSD), afirmou que a então deputada estadual Luciane Bezerra (PSB) também utilizou contas bancárias da empresa para receber propina — uma das donas da Fama é prima de Luciane.

Para a PF, a Fama operou como uma lavanderia de dinheiro tanto para Cabeça Branca quanto para políticos da Assembleia Legislativa mato-grossense. Na sede da empresa, em Cuiabá, os policiais encontraram a cópia de um contrato e de uma nota provisória de empréstimo, assinados em dezembro de 2016, no valor de R$ 1 milhão, da Fama para Luciane Bezerra. Como a promissória nunca foi resgatada, tudo indica que o contrato foi forjado para simular repasse de propinas. Na mesma pasta do contrato e da promissória, a polícia encontrou comprovantes de repasses de dinheiro para parlamentares e servidores comissionados da Assembleia, entre eles os então deputados Mauro Savi (DEM) — preso em operação do Grupo de Atuação Especial de Repressão ao Crime Organizado (Gaeco), que investigou desvio de recursos no Detran local — e José Joaquim Souza Filho (ex-PSDB). Em outro manuscrito apreendido pela PF, consta uma soma de repasses para contas bancárias no valor de R$ 958 mil e, logo abaixo, a expressão "falta 42.000". A soma desses dois números é de R$ 1 milhão, exatamente o valor do empréstimo forjado para justificar o repasse de propina aos políticos. Assim, enquanto recebia dinheiro de Cabeça Branca, a Fama repassava valores a deputados de Mato Grosso.[5]

CABEÇA BRANCA

A PF chegou ao doleiro ao encontrar, na casa de Cabeça Branca em Sorriso (MT), o celular do circuito fechado com que o traficante se comunicava com Ceará. Nele havia vários áudios de conversa entre ambos via WhatsApp. Os agentes identificaram o doleiro ao analisar o histórico de movimentação dele pelas antenas de celular que ele utilizou em 17 de junho de 2017, primeiro em João Pessoa (PB), pela manhã, e à noite, em Foz do Iguaçu (PR). Pela longa distância percorrida em pouco tempo, os policiais concluíram que ele viajou de avião entre as duas cidades. Uma busca nas companhias aéreas confirmou a identidade: Carlos Alexandre de Souza Rocha. O doleiro seria preso em 15 de maio de 2018 na Operação Efeito Dominó, uma das fases da Spectrum. Assinou novo acordo de delação e admitiu, pela primeira vez, ter operado para Cabeça Branca. Embora não conste formalmente em seus depoimentos, o doleiro admitiu que políticos receberam dinheiro do traficante, embora, segundo Ceará, eles não soubessem disso. "[...] O dinheiro utilizado para pagar propinas a congressistas que destroem a nação (conforme comprovado na operação Lava Jato) e aquele utilizado para lavar dinheiro oriundo do tráfico de drogas advêm da mesma fonte", escreveram os delegados Elvis Secco e Roberto Biasoli no relatório final da Efeito Dominó. Ceará recusou-se a revelar os nomes desses políticos. Como dinheiro não tem carimbo, é quase impossível identificar quem são essas pessoas sem que o doleiro as delate. Ceará deixaria a cadeia novamente no primeiro semestre de 2019, beneficiado por um *habeas corpus*. O doleiro foi condenado em primeira instância a quatorze anos de prisão por lavagem de dinheiro e crime contra o sistema financeiro.[6] O inquérito que apurou o suposto pagamento de propina a Aécio Neves pela UTC seria arquivado por falta de provas no início de 2016.[7]

Cabeça Branca replicaria seus esquemas de lavagem de dinheiro no Paraguai, onde era considerado um próspero pecuarista, com a maior parte da polícia e da classe política no bolso. As raras vozes do país vizinho que apontaram a verdadeira origem de sua riqueza e poder pagariam um alto preço.

7

Consórcio da morte

Robert Acevedo estava marcado para morrer naqueles dias de 2010.

Havia seis anos, os maiores narcotraficantes da fronteira do Brasil com o Paraguai — Cabeça Branca entre eles — se reuniram em um consórcio para assassinar o senador paraguaio, incomodados com as sucessivas denúncias disparadas quase que semanalmente por ele. Da tribuna do Parlamento em Assunção, o senador esconjurava a presença maligna do tráfico de drogas na política e na economia do país.

— Nenhum presidente se elege no Paraguai hoje sem a ajuda do narcotráfico — bradava.

Desde os tempos em que fora governador do departamento de Amambay, região de Pedro Juan Caballero, no início dos anos 2000, Acevedo vinha trocando informações com o juiz federal Odilon Oliveira sobre a presença de traficantes brasileiros no país vizinho. Assim como no caso do juiz Oliveira, a reação dos *capos* da fronteira contra o senador foi violenta. Em 2004, ofereceram US$ 100 mil ao pistoleiro que se dispusesse a assassinar Acevedo. Mas o plano ficou congelado até o início de 2010, quando Cabeça Branca se reuniu com Pavão e o traficante paraguaio Pedro Pablo Quevedo Medina, conhecido como Peter, para discutir o caso. Os dois brasileiros não queriam levar adiante o atentado, cientes de que a culpa recairia sobre eles — como na máfia siciliana, a violência era empregada por Cabeça Branca apenas com alvos bem definidos, após criteriosa avaliação das consequências. Mas Peter discordou, e contratou dois pistoleiros para o trabalho; os valores tratados permanecem desconhecidos.

Era fim da tarde de segunda-feira, dia 26 de abril de 2010, e Acevedo estava no banco detrás de sua caminhonete, com dois seguranças, um deles ao volante. Quando o veículo entrou na rua Alberdi, em Pedro Juan Caballero, a dois quarteirões de sua casa, foi emparelhado à esquerda por outra caminhonete. Da porta do passageiro, surgiram sucessivos disparos de fuzil direcionados à porta traseira do veículo do então senador — setenta tiros no total. Os dois seguranças de Acevedo morreram instantaneamente. O político só escapou da morte porque se abaixou. Levou apenas dois tiros de raspão, no braço e no rosto.[1] Peter Quevedo, o suposto mandante, seria brutalmente assassinado sete meses mais tarde, a mando do PCC, devido a desavenças com um paraguaio integrante da facção; seu corpo foi encontrado com a cabeça decapitada e sem os dois braços.

Já Magdaleno Silva, outro político influente no departamento de Amambay, não teve a mesma sorte. Deputado pelo Partido Colorado, Silva mantinha dura rivalidade com Acevedo — para o senador, seu desafeto era "o representante do narcotráfico no Congresso do Paraguai". De família humilde, Silva vendeu picolés nas ruas de Pedro Juan, durante a infância, para complementar a renda dos pais. No fim da década de 1990, tornou-se funcionário da aduana da cidade fronteiriça, apadrinhado por Nicanor Duarte Frutos, então ministro da Educação. Em meio a fortes suspeitas de corrupção na aduana, posto-chave para o contrabando que todo dia chega à cidade com destino ao Brasil, Silva enriqueceu — tinha fazendas na região — e acabou eleito deputado por duas legislaturas, entre 2003 e 2013.[2] Como parlamentar, fez a ponte entre os grandes *narcos* da fronteira (e seus dólares de sobra para as campanhas políticas) e o

CABEÇA BRANCA

então correligionário Nicanor Duarte, presidente do país entre 2003 e 2008. Entre eles, Cabeça Branca.

Segundo a Senad, Magdaleno Silva era muito próximo do traficante paranaense, que costumava financiar campanhas políticas de vários partidos no país vizinho em troca de vistas grossas às toneladas de cocaína que mensalmente cruzavam a fronteira rumo ao Brasil. Em 2017, a Polícia Federal apreenderia na casa de Cabeça Branca em Osasco (SP) um papel com o sugestivo título "Proposta de investimento em projeto eleitoral", datado de 2011 e assinado por Alsimio Casco Ayala, conhecido como Toti Casco.[3] "Lo que pueda ayudar, vamos agradecer mucho", escreveu Casco — também ligado a Nicanor Duarte, ele seria eleito deputado federal pelo Partido Colorado em 2013. O pai de Toti, Silvino Casco, recebera o apoio do *narco* brasileiro na primeira década do século, período em que comandou a prefeitura de Yby Yaú, onde o *capo* possuía muitos imóveis.

Cabeça Branca tinha a política e a polícia paraguaias na palma das mãos. Abastecia os veículos na base da Polícia Nacional na região de Pedro Juan e costumava presentear os policiais com roupas e outros acessórios. No melhor estilo populista de Pablo Escobar, reformava escolas em Yby Yaú e custeava festas de formatura dos alunos. Tudo para manter em silêncio os seus esquemas de tráfico de drogas e suas relações obscuras com outros traficantes brasileiros e paraguaios — era comum o *capo* abrigar na Estância Suíça foragidos da Justiça no Brasil.

Mas havia Enrique Ramón Galeano. Locutor de uma rádio comunitária em Yby Yaú, Galeano criticava a proximidade de políticos paraguaios com o narcotráfico. E citava como exemplos Cabeça Branca, Silvino Casco e Magdaleno Silva. Também atacava a inoperância da polícia no esclarecimento de ao menos trinta assassinatos na região naquele início dos anos 2000. Não poderia acabar bem.

Galeano alternava as funções de locutor e técnico em comunicações. Certo dia, foi até a Estância Suíça consertar a antena parabólica na casa do gerente da fazenda. De repente, surgiu Cabeça Branca.

— Finalmente te conheci — disse o brasileiro em espanhol fluente (Cabeça Branca também arrisca algumas palavras no idioma guarani). — Já ouvi falar muito de você — e lhe deu um tapinha nas costas.

Como sabia que Luiz Carlos da Rocha era procurado no Paraguai, assim que deixou a fazenda o radialista contatou uma promotora de Justiça de Pedro Juan e informou o paradeiro do traficante. O que Galeano não esperava é que a informação de que acionara o Ministério Público chegaria ao próprio *narco* brasileiro. Daquele dia em diante, começou a receber ameaças por telefone. O radialista chegou a contar com segurança policial, mas apenas por seis dias. Na tarde do dia 4 de fevereiro de 2006, Galeano dirigia o seu automóvel de Azotey para Yby Yaú quando, no meio do trajeto de 40 quilômetros, teve o veículo fechado por outro carro, de onde saíram dois homens, brasileiros, armados.

— Vai fazer tudo o que a gente mandar — disseram os sequestradores, em português. — Senão damos um telefonema e seu filho Pedro será morto no mesmo instante.

Amarrado e com os olhos vendados, ele foi levado para um prostíbulo em Pedro Juan, onde passou a noite depois de ser surrado, ter o corpo queimado com cigarros e a unha de um dos dedos do pé direito arrancada.

— O que você sabe do Cabeça Branca? — perguntavam os sequestradores.

No dia seguinte, o radialista e a dupla de brasileiros embarcaram em um ônibus em Ponta Porã com destino a Presidente Prudente, interior paulista. Lá, levaram-no a um brejo, onde ele desmaiou. Um dos sequestradores queria matá-lo, mas foi dissuadido pelo outro.

— Vai ser comida de urubu — disse um deles.

— Se voltar ao Paraguai, vai ser morto! Você e sua família! — retrucou o outro.

Maltrapilho e ferido, Galeano conseguiu carona com um caminhoneiro até São Paulo. Ficaria na capital paulista por dezessete meses, enquanto, no Paraguai, muitos o davam por morto. O ra-

CABEÇA BRANCA

dialista disse que teve medo de contatar a família em Yby Yaú, porque sabia que todos estavam vigiados de perto por sicários de Cabeça Branca. Tornou-se técnico de relógios, primeiro no Brás, depois em Guarulhos, na região metropolitana. Até que, no dia 17 de julho de 2007, Óscar Cáceres, um jornalista paraguaio amigo de Galeano, localizou-o. Com a ajuda de Cáceres, o radialista foi até Montevidéu, e de lá rumou para o sul da França, próximo à Suíça, onde vive atualmente como refugiado político, com a família — a mulher e os filhos se mudaram para a Europa três anos mais tarde. De radialista no Paraguai, Galeano converteu-se em um disciplinado limpador de janelas.

Da França, o refugiado acompanhou a aliança entre seus maiores algozes terminar em violência extrema. A amizade entre Magdaleno e Cabeça Branca foi abalada depois que o deputado falhou na tentativa de controlar politicamente o porto de Concepción, vital para que o brasileiro escoasse sem problemas a cocaína boliviana pelo rio Paraguai. Mas azedou de vez quando o traficante descobriu que o deputado repassara à Senad uma foto do traficante durante uma festa em uma de suas fazendas. A polícia nacional paraguaia é famosa pela corrupção desenfreada, mas a Secretaria Nacional Antidrogas é temida pelo narcotráfico por ser a única menos suscetível ao poder da propina, muito em função do apoio logístico e financeiro da DEA e da PF brasileira. Semanas depois, em setembro de 2014, Silva escapara por pouco de um atentado à sua emissora de rádio, cuja fachada foi parcialmente destruída com tiros de fuzis. Na tarde do dia 5 de maio de 2015, uma terça-feira, o deputado estava na calçada em frente à sua casa em Yby Yaú com seu filho e dois seguranças quando se aproximou uma caminhonete. Dois homens armados com fuzis desceram e descarregaram as armas no grupo. Todos morreram na hora.[4]

Um dia após o crime, o então ministro da Senad, Luis Rojas, acusou Cabeça Branca de ser o mandante do assassinato, cometido, segundo ele, por um dos seus sicários, Felipe Ramón Esquivel, o

Mitu[5] — o pistoleiro chegou a ser preso, mas acabou liberado, e até 2020 o crime permanecia impune. O traficante brasileiro também era suspeito de ser o mandante de outros dois homicídios, ambos de dirigentes do Partido Colorado: Félix Antonio García González, pecuarista, morto em novembro de 2005 (Cabeça Branca havia arrendado terras dele para a criação de gado de corte), e Faustino Villaalta Ferreira, que havia advogado para o brasileiro, assassinado um ano depois — os dois crimes seguem sem punição. Por sugestão da DEA, em 2006 a Senad e o Ministério Público do Paraguai espalharam outdoors pelo país com os cinco criminosos mais procurados no país: Fahd Jamil; Jarvis Pavão; Erineu Soligo, o Pingo; Igor Fabrício Silveira Machado, homem de confiança de Fernandinho Beira-Mar; e Cabeça Branca. "Si tiene información sobre las actividades o paraderos de estos individuos, llame a la oficina de la Senad [...]. Todas las llamadas serán confidenciales." Se o objetivo da Senad era incomodar, conseguiram; na época, um sitiante da fronteira que permitiu a instalação de uma das placas em sua propriedade acabaria assassinado.

Acuado, Cabeça Branca decidiu reagir. Enviou uma carta ao Ministério Público paraguaio e à Senad rebatendo as acusações. Disse nunca ter mantido relações pessoais com Magdaleno Silva. Também refutou as suspeitas de que seria o mandante dos demais assassinatos e negou que financiasse campanhas políticas no país. No documento, o brasileiro qualifica as acusações do então ministro da Senad Luis Rojas de "maliciosas, tendenciosas e infundadas" e critica o trabalho da imprensa paraguaia. "Essas publicações jornalísticas em relação à minha pessoa e relativas ao caso [Magdaleno Silva] [...] estão baseadas em informações falsas, mal-intencionadas e tendenciosas, divulgadas à imprensa com ligeireza e pouco profissionalismo pelos responsáveis dos órgãos estatais que querem disfarçar, dessa maneira, seu fracasso pessoal no cumprimento de suas missões" — no caso, a prisão do próprio Cabeça Branca.

CABEÇA BRANCA

* * *

Em sua longa trajetória no tráfico de cocaína, Luiz Carlos da Rocha contou com parceiros importantes no Paraguai. Além de Jorge Rafaat, Jarvis Pavão, Ivan Carlos Mendes Mesquita e Erineu Soligo, o Pingo, outros dois nomes ganharam destaque nos negócios do traficante de Londrina: o brasileiro Arnaldo Moreira de Macedo e o paraguaio Carlos Rubén Sánchez Garcete. O primeiro possui extenso currículo no narcotráfico: em julho de 1993, foi um dos dezesseis detidos pela PF na apreensão de 2,1 toneladas de cocaína em São Leopoldo (RS); a droga estava escondida em um carregamento de couro que seria exportado para a Itália.[6] Acabou condenado pela Justiça,[7] mas, no fim daquele ano, escapou da cadeia e refugiou-se no Paraguai com identidade falsa. No país vizinho, conheceu Mendes Mesquita e Cabeça Branca — uma das fazendas de Moreira era vizinha à do traficante paranaense, no departamento de Concepción, norte do país. Mendes Mesquita foi preso com 260 quilos de cocaína na região do Chaco paraguaio em 2004, conforme narrado no capítulo 4, mas, segundo a Senad, o avião que trouxera a droga estava abastecido com 400 quilos — a diferença fora armazenada minutos antes em uma fazenda de Macedo, a Estância Virgem Serrana. O lucro das drogas fez de Macedo um respeitado pecuarista no país, dono de empresa de melhoramento genético do gado, a Giamex, e integrante da Associação Rural do Paraguai.[8] Ele seria preso em junho de 2006 em sua casa em Luque, vizinha a Assunção.

A Senad suspeita que Macedo, Mesquita e Cabeça Branca enviaram carregamentos de cocaína em contêineres pelo rio Paraguai, com destino à Europa, passando pelo Uruguai — embora nenhum desses lotes tenha sido apreendido pelas polícias paraguaia ou uruguaia. Macedo era muito próximo de outro grande narcotraficante sul-americano, o colombiano Gustavo Durán Bautista. Depois de exportar cocaína oculta em embalagem de frutas cultivadas no sertão baiano, Bautista passou a explorar outra rota: comprou uma fazenda em Salto, às margens do rio Uruguai, que, como o Paraguai, deságua no rio da Prata. O colombiano seria preso na propriedade em 2007 com 495 quilos de cocaína pura.[9] O sobrinho de Bautista trabalhou para grupos contratados por Cabeça Branca para cuidar da exportação de cocaína pelo porto de Paranaguá.

Em março de 2012, um rapaz procurou a Superintendência da Polícia Federal em Campo Grande com uma proposta: delatar os últimos passos de Cabeça Branca no Paraguai — o *capo* o havia contratado semanas antes — em troca de dinheiro para fazer um curso para piloto de aeronaves. Proposta aceita (a PF não informou o valor pago a ele), o jovem, morador de Coronel Sapucaia (MS), na fronteira com o país vizinho, disse que o traficante brasileiro vinha atuando em parceria com Carlos Garcete; foi esse último quem indicou o rapaz para trabalhar com Cabeça Branca. Garcete é um conhecido traficante paraguaio, condenado por lavagem de dinheiro no Brasil.[10] Seu principal piloto naqueles idos de 2012 era José Morandi, ex-prefeito de Guaraci (PR), conhecido como Comandante Vermelho devido aos cabelos e à barba ruivos. Morandi fora condenado pela Justiça em 1999 em decorrência do flagrante de 110 quilos de crack no Norte do Paraná.[11]

Logo nos primeiros dias a serviço de Cabeça Branca, o chefe deu-lhe uma missão: viajar para São José do Rio Preto (SP) e encontrar-se com um comprador de drogas do *capo* — o relatório sigiloso da PF a que o autor deste livro teve acesso não informa o nome desse traficante. (Em 2010, o Comandante Vermelho fizera um pouso forçado no meio de uma rodovia na região de Rio Preto, mas nada de ilícito foi encontrado na aeronave.) Do interior paulista, o jovem informante seguiu até Sinop (MT) para acompanhar o conserto do avião PP-XLE, um Comp Air 10, monomotor de asas altas, um dos preferidos dos traficantes para transportar cocaína pela agilidade no desembarque da droga. Em novembro daquele ano, operação da Senad no departamento de Canindeyú, a 15 quilômetros da fronteira com o Brasil, apreendeu 1,74 tonelada de cocaína e cinco

CABEÇA BRANCA

aviões, entre eles o de prefixo PP-XLE. Uma semana antes da blitz, José Morandi morreu na queda do avião que pilotava — o acidente foi a 800 metros do galpão onde a carga de 1,74 tonelada de cocaína estava armazenada. A conclusão era óbvia: ao menos parte daquele grande carregamento apreendido pertencia a Cabeça Branca.

Após o flagrante, o traficante de Londrina foi para a região de Santa Cruz de la Sierra, na Bolívia, e a PF perdeu contato com o informante.

* * *

As três fazendas de Cabeça Branca no Paraguai somam 8,4 mil hectares — apenas no mês de maio de 2016 as propriedades movimentaram US$ 4,8 milhões, conforme planilhas apreendidas pela PF na Operação Spectrum. Com 40 mil cabeças de gado, abasteciam semanalmente o maior frigorífico do Paraguai, no departamento de Concepción, com toneladas de carne. Cabeça Branca construiu um império econômico na zona rural do país vizinho, com 42 empresas em nome de laranjas. A imprensa paraguaia batizou o patrimônio do brasileiro de "narcoganadería", ou "narcopecuária". A Senad e o Ministério Público do país vizinho mapearam as estratégias empresariais do traficante desde 2004. Em fevereiro daquele ano, Cabeça Branca criou a Agroganadera Santa Edwiges, nome emprestado de uma de suas maiores fazendas no país, com 2,5 mil hectares — paradoxalmente, entre os devotos católicos, Santa Edwiges é padroeira dos pobres e endividados, tudo o que o traficante não era. De saída, o capital social da empresa foi fixado em US$ 5 milhões — US$ 2,8 milhões de Cabeça Branca e US$ 2,2 milhões, em dinheiro vivo, do filho mais velho dele, Bruno. Na guarda da empresa estavam quase todas as propriedades da família Rocha no Paraguai.[12]

Mas a Santa Edwiges teve vida curta. Em dezembro de 2007, deu lugar a cinco empresas, das quais uma, a Brisa Comexin S.A., tem participação nas outras quatro. Apesar do patrimônio que agrega, a

Brisa está registrada em nome de uma dona de padaria em Yby Yaú, vizinha a Pedro Juan Caballero. As cinco empresas se dividem como donas das fazendas de Cabeça Branca no país vizinho. O esquema fora arquitetado por Diosmede Aguilera, ex-servidor do Ministério da Fazenda paraguaio condenado em 2008 por estelionato,[13] e tinha o comando dos filhos mais velhos do traficante, Bruno e Rafael, e por um amigo da família, Eduardo Fernando de Oliveira Moleirinho — nas redes sociais, Moleirinho, que é de Maringá, próxima a Londrina, costumava publicar fotos em pescarias esportivas e ao lado de rebanhos bovinos que a Senad suspeitava fossem de Cabeça Branca. Semanalmente, Wilson Roncaratti, gerente financeiro do traficante no Brasil, viajava 1,1 mil quilômetros de caminhonete entre São Paulo e Pedro Juan Caballero para entregar a Moleirinho e aos filhos do patrão o dinheiro amealhado com a venda da cocaína. O montante servia para a manutenção das propriedades e a compra ou criação de novas empresas. Parte do dinheiro viajava nas mãos dos filhos até o Uruguai, onde era depositada em contas de empresas offshore ainda não identificadas pela PF. Uma análise financeira da Receita Federal no Brasil mostrou que, embora nenhum dos dois filhos de Luiz Carlos da Rocha tenha declarado Imposto de Renda no país entre 2013 e 2016, Rafael movimentou R$ 1,26 milhão em suas contas bancárias no período.[14]

Cabeça Branca mantinha contato com os filhos no Paraguai em circuitos fechados de celular, em que os aparelhos só conversavam entre si, por voz ou envio de mensagem — essas últimas foram recuperadas pela Polícia Federal após os aparelhos do *capo* serem apreendidos na Operação Spectrum. Em abril de 2017, Bruno informou ao pai sobre o pagamento de um empréstimo de US$ 492 mil no banco paraguaio Atlas, destinados às fazendas no país vizinho, que eles denominam por códigos: F-1, F-2...

"Temos a F-5 [no banco] atlas" / "U$ 313.000 q seria a metade q renovamos ano passado vence dia 30-04" / "E tem mais a cota de juros do atlas F-5 tambem, U$ 179.000, esta vencendo hoje" [...] / "É muita coisa Pai", escreve Bruno.

CABEÇA BRANCA

"Ok filhao o pai vai dar uma olhada com calma e ver como faremos, talves pagamos a metade do [banco] bbva e ver o restante da f5."

"Positivo Pai."

Bruno contava com o auxílio direto de José Carlos da Silva, o Magrão ou MG, baseado em Ponta Porã (MS), ligado a Cabeça Branca desde os anos 1990 — ele já fora alvo da Operação Fronteira, no início dos anos 2000. Em fevereiro de 2017, o *capo* pediu para o filho pegar US$ 300 mil em espécie com Magrão, ou MG, no Paraguai:

"O mg ja está autorizado organiza com ele como quer fazer, se leva ai, ou se possivel direto no banco ou cambio" / "para não ficar andando com $$ por ai".

"Positivo Pai... vou organizar com ele"

Na época, Cabeça Branca investia na compra de fazendas na região do Chaco, norte do Paraguai:

"Teremos que investir no Chaco agora, la qualquer valorização que tiver devido a quantidade de terras representa bastante em termos de valores...", escreveu o traficante ao filho Bruno.

Há indícios também de que a família Rocha tenha lavado dinheiro em cassinos, muito comuns no Paraguai. No dia 6 de setembro de 2013, foram criadas duas empresas em Assunção com nomes muito parecidos: Daruma S.A. e Daruma Sam S.A. A primeira, voltada à exploração agrícola, tinha entre os sócios Rubens Bernardo da Rocha, primo de Cabeça Branca; a segunda tinha como objeto jogos de azar, cujos proprietários iniciais eram Farid Jamil Georges, irmão de Fahd Jamil, El Padrino, e um obscuro Alexander da Rocha Leite — neste caso, apesar do sobrenome, não foi possível ao autor deste livro estabelecer parentesco com o *capo* de Londrina. Em 2017, a empresa possuía duzentas casas de jogos no país.[15]

Mesmo foragido da Justiça brasileira, Cabeça Branca acompanhava de perto o dia a dia de suas empresas e fazendas; costumava trafegar entre uma e outra em caminhonetes Toyota Hilux blindadas, sempre na companhia de sicários armados com fuzis. Nos momentos de lazer, gostava de pescar com amigos em um pequeno iate ancorado em Puerto Antequera, no rio Paraguai.

Diante do alto grau de corrupção na polícia paraguaia, Cabeça Branca só temia a Senad. Em 2015, a força policial chegou perto de capturá-lo. Os agentes souberam que Cabeça Branca estava em uma de suas fazendas no Chaco paraguaio, a Tuparendá — morada de Deus, em guarani. Foram feitas duas incursões até as proximidades da fazenda, mas o traficante conseguiu escapar.

A estrutura empresarial de Cabeça Branca no Paraguai começaria a ruir na manhã de 6 de dezembro de 2017, quando o Ministério Público e a Senad deflagraram operação contra o esquema de lavagem de dinheiro do brasileiro. Três foram presos, entre eles Aguilera — os filhos do traficante, Bruno e Rafael, eram considerados foragidos em outubro de 2020.[16] Também foram sequestrados pela Justiça bens avaliados em US$ 120 milhões, entre eles 96 imóveis, 148 veículos e 28,3 mil cabeças de gado.[17] Para custear a maior operação antilavagem já feita no Paraguai, a Senad precisou requerer recursos à Presidência do país, cerca de 50 milhões de guaranis, ou R$ 30 mil. Moleirinho seria detido oito meses depois, em julho de 2018, em Pedro Juan Caballero. Todos foram denunciados por lavagem de dinheiro no país vizinho.

Já Wilson Roncaratti foi preso na tarde do dia 1º de julho de 2017, dia da deflagração da Operação Spectrum, quando chegou em seu apartamento em Londrina. Ele vinha de São Paulo em uma caminhonete Hilux. Mensagens de Cabeça Branca apreendidas no celular de Roncaratti mostram que na segunda-feira seguinte, dia 3, ele viajaria até Pedro Juan Caballero, onde se encontraria com Magrão. O *capo* ordenara que Roncaratti não levasse a caminhonete para casa, no norte paranaense:

"Bichao se vc não for na sua casa com o carro [caminhonete] pode ir sim amanhã [para Londrina]... vc sabe que não pode ir na sua casa..."

"Sei sim bichão na[o] posso"

Ao ler as mensagens, os agentes suspeitaram que havia dinheiro escondido na Hilux — por isso Roncaratti não poderia levá-la

CABEÇA BRANCA

para casa, dado o risco de uma apreensão. Depois de uma busca minuciosa, os policiais encontraram 34 pacotes de dólares no teto da cabine. Um total de US$ 339 mil.

* * *

A partir de 2006, logo após as deflagrações das operações Fronteira e Caravelas, da Polícia Federal, o já discreto Cabeça Branca começou a adotar estratégias mais elaboradas de disfarce para escapar dos mandados de prisão contra si por tráfico internacional de drogas. Naquele ano, ele conseguiu uma certidão de nascimento falsa, com o nome de Vitor Luís de Moraes, nascido no dia 7 de janeiro de 1962 (dois anos e meio a menos do que sua idade real) em Tocos do Moji, município de 4 mil habitantes no sul de Minas Gerais. Em seguida, fez pelo menos três cirurgias plásticas em clínicas de São Paulo que alteraram sensivelmente o formato dos olhos, das orelhas e do queixo. Tintura preta no cabelo e na barba bem aparada completaram o novo visual de Vitor, que em São Paulo costumava andar com seguranças — era na capital paulista que ele costumava se reunir com compradores brasileiros e estrangeiros.

Apesar da mudança na aparência, Cabeça Branca chegou a ser flagrado algumas vezes pelas polícias brasileira e paraguaia nos onze anos em que se valeu da nova identidade. Quando isso ocorria, recorria à corrupção — no Paraguai, costumava andar sempre com uma maleta recheada de dólares, pronta para ser entregue ao primeiro policial que o reconhecesse e o abordasse. Era o seu seguro-liberdade. Os policiais que participaram diretamente da Operação Spectrum suspeitam que, poucos meses antes de ser preso, o traficante pagou alguns milhões de dólares em suborno a membros da PF em São Paulo — não foi possível identificá-los.

Na casa de Cabeça Branca em Osasco, os agentes encontraram um envelope pardo contendo duas folhas. Uma delas é o documento intitulado "Autorização para monitoramento de suspeitos", expedida pela Delegacia de Controle de Segurança Privada, ligada à Superintendência da Polícia Federal na capital paulista. O papel, datado de 2008, cita o "elemento suspeito Luiz Carlos da Rocha" e o endereço dele na época, no Jardim Ampliação, zona sul de São Paulo. A outra é uma folha sem timbre com o título "Monitoramento constante" e as seguintes frases: "Caminhonete Silverado e Cherokee na região de Ponta Porã / É visto com Ramunsky (?) em Rodovia. Anda com ele. / Tem feito o trajeto para Ourinhos, anda muito em São Paulo, é visto na Av. João Dias, Cerro-Corá, Marginal Pinheiros. Sai da Aclimação e passa pelos Jardins. / O relatório todo tem mais ou menos 300 páginas. Luiz Carlos Rocha Carneiro — outro nome. / Foi monitorado quando foi fazer a revalidação da Carteira de Motorista em Londrina." Os policiais da Spectrum não conseguiram identificar quem seria o sujeito chamado Ramunsky. "Podemos suspeitar que Luiz Carlos da Rocha teria influência dentro da Polícia Federal para obter tais documentos e saber que estaria sendo alvo de algum procedimento investigatório", escreveram os agentes nos relatórios da Spectrum.

* * *

As planilhas apreendidas pela Polícia Federal na casa de Cabeça Branca demonstram que, entre maio de 2015 e abril de 2017, o traficante movimentou, apenas com um sujeito chamado Fernet, 656 mil euros. Em uma das linhas da planilha consta a seguinte anotação: "S recbto ef Lda". Para os agentes da Polícia Federal, a frase indica "saldo, recebimento efetuado em Londrina". Fernet é Carlos Roberto da Rocha, o Beto, irmão mais novo de Luiz Carlos da Rocha, sócio de Cabeça Branca no tráfico desde o início dos anos 2000. Depois de cumprir pena na Operação Caravelas, retratada no capítulo 5, Beto retornou a Londrina, de onde auxiliava o irmão na exportação de cocaína, segundo a PF. A equipe da Operação Spectrum encontrou vários diálogos entre os irmãos via WhatsApp, em circuitos fechados de telefonia.

CABEÇA BRANCA 141

"Boa tarde Dr tudo beleza??? Espero em Deus que sim... / Gostaria de saber se você pode pedir para o bichão me encontrar na quarta no meio do caminho???", perguntou Beto ao irmão em maio de 2017 — Bichão é o apelido de Wilson Roncaratti, gerente financeiro de Luiz Carlos da Rocha.

"Porque isso...?", pergunta Cabeça Branca.

"Tenho um contrato do advogado para entregar..."

Beto encontrou-se com Roncaratti em Pardinho (SP), metade do caminho entre Londrina em São Paulo — nessa mesma cidade, o gerente de Cabeça Branca havia se reunido um mês antes com o doleiro Ceará.

Em junho de 2017, Cabeça Branca chamou o irmão novamente pelo aplicativo de mensagens:

"Meu telefone desconfigurou e apagou o numero do Manollo, vou mandar pegar com vc", escreveu Cabeça Branca para o irmão em junho de 2017. A PF suspeita que o traficante se referia a Jorge Manoel Rosa Monteiro, português alvo da Operação Caravelas, retratada no capítulo 5. Como Beto não respondia, Cabeça Branca insistiu no dia seguinte:

"Está dificil falar com vc meu irmão..."

Beto foi intimado a prestar depoimento na delegacia da PF em Londrina no dia 1º de julho de 2017, quando a Spectrum foi deflagrada. Optou por ficar em silêncio. Apesar do material recolhido pela PF contra ele na operação, o irmão de Cabeça Branca não foi denunciado pelo Ministério Público Federal, ao menos até outubro de 2020.

Mesmo foragido havia muitos anos, o *capo* paranaense mantinha contato permanente com a mãe e parte dos irmãos. Em 3 de junho de 2017, pouco menos de um mês antes de ser preso, ele combinou um encontro com uma de suas irmãs em São Paulo:

"Amanha vcs estarão por aqui...", perguntou ele.

"Tudo certinho, estaremos sim", respondeu a irmã.

"Se nao tiverem nenhum compromisso poderiamos almoçar juntos... / Chamo vcs amanha e combinamos horario..."

Naquele mês, Cabeça Branca recebeu mensagem da mãe, Terezinha, falando da dificuldade das irmãs em pagar o IPTU de quatro terrenos da família em Ponta Porã (MS), herança do pai. Ela chama o filho de "Luisinho":

"Preciso falar com vc sobre uma procuração pro advogado fazer o inventário dos terrenos. Temos que dar um jeito de vender. Tá difícil continuarmos pagando IPTU. / A Marilza e a Neusinha já pararam de pagar a parte delas. Não podem mais estão mto apuradas."

Tudo indica que Cabeça Branca depositou dinheiro para ajudar as irmãs:

"Avisa a Mary e a Neide que ja foi depositado para elas tambem", escreve Luiz Carlos da Rocha.

A mãe agradeceu:

"Oi meu filho, liguei pra falar [mas] não deu certo. Deus te abençoe é te pague por tanta ajuda pra Neide. Só ele mesmo pra te pagar. Fique com Deus vc e sua familia. BJS pra todos."

"A Fer manda beijos", respondeu Cabeça Branca.

Fer é Fernanda Benedito da Silva, jovem morena de cabelos muito pretos, de família humilde do norte de Mato Grosso. Ela conheceu Luiz Carlos da Rocha em 2010 no bar da mãe dela em Terra Nova do Norte (MT), onde trabalhava na época. Cabeça Branca, ou Vitor Luís, se apresentava na região como um próspero pecuarista e sojicultor. Encantado com a beleza de Fernanda, apesar da diferença de 34 anos entre eles, começaram a flertar. Engataram um namoro e passaram a morar juntos. Fernanda disse à PF que somente alguns anos mais tarde descobriu a verdadeira identidade e profissão do marido. Em outubro de 2016, tiveram um filho, o quarto de Cabeça Branca.

Certo dia, Luiz Carlos da Rocha atendeu um telefonema de Roncaratti com o bebê no colo. Com o seu gerente na linha, o traficante conversava com o filho em tom afetuoso:

— Ó o Bichão, cê queria falar com o Bichão, fala pra ele, oi, Bichão!

— Cadê o bebê? — respondeu Roncaratti do outro lado da linha, com voz infantilizada. O *capo* seguiu falando com o filho:

CABEÇA BRANCA

— Tava com saudades do Bichão, fala "tô com saudades, Bichão".

— Cadê o bebê? O Bichão tá com saudades do bebê.

Cabeça Branca continuou a falar com o filho:

— Fala, "vem ver colher", fala pra ele, "vem ver colher soja, Bichão".

— Levo, vamo colher soja, bebê? Ou milho?

O traficante procurava dar o máximo de conforto para a mulher e os quatro filhos. Os três mais velhos costumavam viajar com frequência a passeio para a Europa e os Estados Unidos. Certa vez, Cabeça Branca gastou R$ 150 mil apenas com móveis planejados para a sede de uma de suas fazendas em Mato Grosso.

"Olá Rodrigo", escreveu Luiz Carlos da Rocha para o vendedor dos móveis. "Nao olhei detalhadamente as fotos mas deu para ter uma ideia como ficará os armarios, me pareceu estar bom, por favor manda essas fotos no wattsap da Fernanda."

Tanto dinheiro e conforto vinham das múltiplas rotas do tráfico exploradas por Cabeça Branca por toda a América do Sul, especialmente no exótico país onde ele morara por alguns meses na primeira década do século: o Suriname.

8

Flak

Nada é pior do que o silêncio que precede uma pane seca no avião. Quando acaba a última gota de combustível, o motor apaga e todos os dispositivos do painel desligam. A aeronave começa a planar, mas, carregada com 300 quilos de cocaína pura, a cada minuto fica 150 metros mais perto do chão. Imediatamente o piloto olha para baixo à procura de uma pista ou estrada sem movimento para um pouso de emergência. O que não é possível quando, da cabine, só se enxerga a imensidão do mar em tons de verde-azul do Caribe. Nesses casos, a morte é o único desfecho possível.

A viagem trágica começou a ser planejada na noite de 1º de março de 2017, quando João Soares Rocha, homem de meia-idade de cabelos grisalhos e bigode bem aparado, foi procurado no seu aparelho BlackBerry Messenger, ou BBM, por um colombiano chamado Daniel:

"Eu tenho um amigo forte que quer o frete / Vc tá interesado?", escreveu Daniel.

"Sim pra onde?"

"Hon".

O "frete" era para Honduras.

Segundo a Polícia Federal, um dos que intermediaram o carregamento do avião para Honduras foi Ronald Roland. Apelidado de

Xuxa, ele fora investigado pela PF na Operação Veraneio por transportar cocaína da Venezuela para a América Central, em voos que partiam do interior paulista ou do norte de Mato Grosso. Roland tinha ligações com Cabeça Branca — um de seus aviões, modelo Comp Air 10, prefixo PP-XLE, foi flagrado em 2013 em uma pista clandestina no Paraguai ao lado de 1,74 tonelada de cocaína que pertencia ao *capo* paranaense, conforme narrado no capítulo anterior.

Honduras é um país corrompido pelo narcotráfico. A ONG Insight Crime estima que, por ano, entre 140 e 300 toneladas de cocaína passem pelo país rumo ao território norte-americano.[1] Em 2018, Juan António "Tony" Hernández, irmão do presidente de Honduras, Juan Orlando Hernández, foi preso em Miami, acusado de traficar mais de 200 toneladas de cocaína para os Estados Unidos. Durante o seu julgamento em Nova York, o Ministério Público acusou o presidente hondurenho de proteger o irmão traficante e de receber suborno de grandes *narcos* mexicanos, entre eles Joaquín "El Chapo" Guzmán.[2]

Na América Central, a droga levada pelos brasileiros no pequeno avião seria entregue a representantes do cartel mexicano Beltrán Leyva, que a levariam até os Estados Unidos. Criado a partir de uma divisão do cartel de Sinaloa, o grupo perdeu força a partir da prisão e morte do seu líder, Héctor Beltrán Leyva, mas muitos de seus antigos integrantes permanecem em atividade, segundo a DEA.

Convocados por Xuxa, o piloto João dos Remédios Azevedo e seu ajudante Edinaldo Souza Santos, ambos maranhenses, chegaram a Palmas, Tocantins, dia 11 de março de 2017, vindos de São Luís — cabia a Santos ajudar no reabastecimento do avião em pleno voo e no carregamento e descarregamento da droga. Os dois foram recebidos por um subordinado de João Rocha e rumaram para uma pista próxima de Porto Nacional, 58 quilômetros ao sul da capital do estado. No fim da tarde, Azevedo embarcou no Cessna prefixo PR-TAL, ano 1979, tirou-o do hangar e fez um rápido voo de teste. Dois dias depois, no início da manhã, Azevedo e Santos rumaram para Ourilândia do Norte, Pará. Às 9h do dia 15, a dupla entrou novamente no Cessna, dessa vez com destino a uma pista clandestina no sul da Venezuela, onde carregaram a aeronave com pelo menos 300 quilos de cocaína. Originalmente, os dois tanques nas asas do Cessna levam 340 litros de querosene, o que possibilita autonomia de voo de oito horas, mas o grupo modificava a estrutura dos aviões para poderem abastecê--los em pleno voo com tambores de 60 litros, chamados carotes ou timbas, por meio de mangueiras que iam dos tanques à cabine. A dupla maranhense levava quatro tambores para romper a distância de 2,5 mil quilômetros entre o sul da Venezuela e a pista hondurenha.

Aos 77 anos, João dos Remédios Azevedo era piloto tarimbado, acostumado às piores adversidades em aviões abarrotados com cocaína. Mas a vista prejudicada pela idade, a dificuldade de manusear aparelhos de GPS e as tempestades comuns no mar do Caribe tornaram a viagem um ato suicida — o combustível não foi suficiente. Os corpos e o avião nunca foram encontrados.

"Mais ele te hablou porque caiu?", perguntou Daniel, em portunhol, a João Rocha.

"Ele nao sabe ao certo / Acho q levou poucas timbas [tambores com combustível] / So 4 / La do setor dele é longe / O turbo gasta muito", respondeu João Rocha.

O acidente não abalou o esquema. Duas semanas depois, Daniel acionou João Rocha para outra empreitada: o envio de mais algumas centenas de quilos de cocaína para a Guatemala em um Piper Navajo. Pilotos não faltavam: eram recrutados em garimpos ou escolas de aviação do Norte e Centro-Oeste, dispostos a correr todos os riscos por alguns milhares de dólares.

João Rocha apresentava-se como próspero pecuarista no sul paraense. Era muito próximo de políticos do Pará e do Tocantins, como Vilmar Alves de Oliveira, deputado estadual eleito em 2018 pelo Solidariedade.

— Queria conversar com você, Joãozinho — disse o deputado, em diálogo de outubro de 2017 captado pela Polícia Federal.

— Tá dando uma situação aí que é possível da gente tirar essa, esse PA [projeto de assentamento] aí, Tucumã.

Para a PF, os projetos de assentamento poderiam prejudicar áreas pertencentes tanto ao parlamentar quanto ao pecuarista. Na mesma época, João Rocha recebeu telefonema de um funcionário seu. Falaram sobre uma suposta propina — tratada como "honorários" — que deveria ser paga pelo pecuarista ao então superintendente do Incra no sul paraense, o ex-deputado Asdrúbal Bentes:

— Deixa eu te dizer, olha, é, esse, eu não posso falar por telefone que a gente não sabe. Tudo tá sendo gravado hoje em dia, diz o funcionário.

— Tá bom.

— Mas tem, você sabe que tem, é, algo a mais lá dentro do Incra. Enfim. Cê, não sei [se] cê tá dando pra entender. É por isso que...

— Sei.

— Eu tô pedindo a você se pode adiantar aqueles honorários pra se tiver que fazer frente lá eu fazer. Ta ok? [...] Então eu paralisei a execução e agora preciso realmente convencer lá. Eu tô com o caminho bem andado lá com a chefe da cartografia. Tô até combinando com ela pra tá na segunda-feira lá bem cedo, pra ela já identificar e depois eu vou pro superintendente, que é o Asdrúbal, pro Asdrúbal autorizar, viu? Mas você conhece o Asdrúbal.

— Tá bom.

— Sabe como é que é né?

— Hum. Sei sim.

— Então pronto, que eu não preciso falar muita coisa. Então tá bom. Ok. Eu vou confirmar aqui os dois e quinhentos [R$ 2,5 mil], se tiver já na conta.

Asdrúbal Bentes deixou o cargo em 2018. Eu o procurei no fim do ano seguinte, mas ele não quis comentar o caso.

Desde muito tempo João Rocha possui relações com grandes narcotraficantes. Em 1999, arrendou uma de suas fazendas em São Félix do Xingu para Leonardo Dias Mendonça, então um dos maiores traficantes de cocaína do Brasil, criar 1,6 mil bois da raça nelore. Sete anos depois, foi investigado pela PF por lavar dinheiro das drogas para outro poderoso traficante, Luiz Fernando da Costa, o Fernandinho

CABEÇA BRANCA

Beira-Mar, por meio da compra e venda de gado. Outros sete anos se passaram, até que seu irmão foi preso em flagrante no Triângulo Mineiro quando pousava com um avião carregado com 234 quilos de cocaína. Nessa época, João Rocha, ou Bigode, como era conhecido, possuía uma frota de aviões e um esquema especializado em transportar cocaína pelas Américas, África e Europa, a serviço de grandes atacadistas, como Cabeça Branca. O grupo trazia cocaína por aviões da Bolívia, Colômbia e Venezuela para o Brasil, pousando em pistas de Mato Grosso, Pará e Tocantins, mas também era contratado para levar carregamentos da droga do sul da Venezuela para pistas em florestas da Guiana e do Suriname, de onde a cocaína seguia para a Europa em aviões de maior porte ou pequenos semissubmersíveis, ou ainda para Honduras e Guatemala, em locais controlados por cartéis mexicanos, com destino aos Estados Unidos.

O protagonismo venezuelano nas rotas de João Rocha não era aleatório. Desde o início da era Chávez, em 1999, o país tornou-se um narcoestado. No livro *Bumerán Chávez*, o jornalista Emili Blasco acusa o ex-presidente do país Hugo Chávez de ter firmado parceria com as Farc e permitir que o país fosse utilizado como ponte para o envio de cocaína aos Estados Unidos, via México. Em 2015, dois sobrinhos do ditador Nicolás Maduro, sucessor de Chávez, foram presos pela DEA no Haiti com 800 quilos de cocaína a caminho dos Estados Unidos — eles foram condenados a 18 anos de prisão por um tribunal de Nova York.[3]

Cada frete rendia US$ 130 mil à quadrilha de João Rocha, em média. Entre março de 2017 e outubro do ano seguinte, o grupo fez pelo menos 23 voos pela América do Sul, transportando um total de oito toneladas de cocaína pura, o que rendeu ao esquema cerca de US$ 3,4 milhões. O lucro em cada viagem era tão grande que, muitas vezes, após entregar a droga, o grupo queimava as aeronaves, algumas avaliadas em mais de R$ 1 milhão, como ocorreu em agosto de 2018 com um Piper Seneca em Barretos (SP).

Um dos maiores clientes de João Rocha era Cabeça Branca. Além da rota entre os países produtores de cocaína e o Brasil, passando pelo Paraguai, o traficante paranaense controlava outros caminhos para escoar a droga da América do Sul até a Europa e os Estados Unidos sem passar pelo Brasil, conforme demonstram diálogos em espanhol entre ele e um fornecedor colombiano apelidado de Nikko:

"Senhor, se você me explicar o projeto, se você quiser, eu irei adiante, mas eu precisaria saber o que é", escreve o colombiano.

"Seria uma equipe que tem um barco saindo do Equador, chega na Itália, lança em um determinado ponto no mar, e meu amigo pega com outro navio...", responde Cabeça Branca.[4]

João Rocha mantinha conversas frequentes no BBM com um colombiano que se intitulava Santiago Perez — um codinome. Era preciso desvendar sua verdadeira identidade. Certo dia, o colombiano informou ao brasileiro a data em que chegaria ao Brasil, com destino a Foz do Iguaçu (PR). O agente da PF Tiago Rafael da Conceição, lotado na Delegacia de Repressão a Entorpecentes de Palmas, ficou duas semanas analisando extratos de chegadas de colombianos no Brasil até encontrar o nome de Ruben Dario Lizcano Mogollon, conhecido narcotraficante de Cúcuta, fronteira com a Venezuela. Mogollon tinha uma estreita ligação com o *capo* paranaense. No dia 25 de março de 2017, João Rocha e o colombiano encontraram-se em Brasília, de onde seguiram para Goiânia para uma reunião com Cabeça Branca, chamado pelo colombiano de Figo.

"Que horas podemos falar hoje com figo", perguntou João Rocha.

"Ahora mismo si quieres / Ya estamos aqui / Esperándole a voce / Estamos en la casa"

Naqueles dias, Mogollon, a mando de Cabeça Branca, contratou João Rocha para mais um carregamento de cocaína, que seria embarcada em um Beechcraft Baron 58, prefixo PR-NIB, chamado pela quadrilha de Conde.

"Quanto vai levar dentro do conde", perguntou João Rocha.

"600 [quilos de cocaína]", respondeu Mogollon.

Cabeça Branca acompanhava o carregamento ao lado do colombiano:

"Me dice Figo mañana a q horas se van", perguntou Mogollon.

"Que horas ele quer que chega la", devolveu João Rocha.

CABEÇA BRANCA

"4 a 5 pm."

"Sim vai chegar as 5."

Os 600 quilos de cocaína seriam embarcados no Beechcraft Baron em uma pista no sul da Venezuela e levados para o Suriname, país onde Cabeça Branca morara por alguns meses na segunda metade dos anos 2000. No entanto, o avião caiu logo em seguida à decolagem por problemas mecânicos — o Baron possui capacidade para transportar 700 quilos de cocaína. João teve de enviar outra aeronave menor, um Cessna 210, para fazer o traslado da droga em duas viagens. Pelo serviço, ele cobrou US$ 160 mil de Cabeça Branca.

"Diz Figo que ok [quanto ao preço pedido por João Rocha] q ele terá o dinheiro com magro / Que agradece muito por você nos ajudar / Me disse Figo q magro te entrega 100 [mil dólares] / Q já estamos nos organizando para pagar-lhe a diferença."[5]

João Rocha forneceu então o número do seu celular e pediu para que o colombiano repassasse para Cabeça Branca:

"Aí Figo entrega [o restante do dinheiro] lá na capital dele [São Paulo]", diz.

Magro, para a PF, é o holandês Brian Blue Adans, radicado no Suriname, onde é considerado um grande traficante de drogas, responsável por remeter toneladas de cocaína para a Europa. Em 2005, a Polícia Federal chegou a Adans ao investigar um esquema de envio de cocaína colombiana de Paramaribo para o Triângulo Mineiro em pequenos aviões — em novembro daquele ano, a PF apreendeu 560 quilos da droga enviada por Adans próximo ao rio Xingu, no Pará, e prendeu seu sócio no esquema, Misilvan Chavier dos Santos, o Parceirinho, que no início dos anos 2000 fora candidato a deputado estadual e a prefeito de Tupiratins (TO) pelo PSDB. Adans e Parceirinho foram condenados por tráfico internacional de drogas e associação para o tráfico,[6] mas Adans nunca chegou a ser detido — até novembro de 2020, seguia foragido da Justiça brasileira.

Em 18 de abril de 2017, João Rocha foi a São Paulo receber a segunda parte do pagamento de Cabeça Branca pelo frete entre a Venezuela e o Suriname. Posteriormente, os agentes da PF em Londrina encontraram em um dos celulares do megatraficante mensagem pedindo para Wilson Roncaratti, gerente financeiro do *capo* do Paraná, levar o dinheiro para João Rocha na capital paulista — o pagamento final ficou em US$ 130 mil. Para receber o montante, esse último informou a João Rocha uma contrassenha: o número de série de uma das notas de dólar que receberia, um cuidado de Roncaratti para garantir que estava entregando o dinheiro para o destinatário correto, como já foi narrado neste livro. Mais uma vez, coube a Mogollon fazer a ponte entre Cabeça Branca e o pecuarista paraense.

O relacionamento entre os dois grupos estendia-se aos pilotos. No dia seguinte, 19 de abril, o colombiano Daniel disse a João Rocha que conhecia um piloto ideal para um voo com cocaína para Honduras, mas que o profissional fora contratado com exclusividade por Cabeça Branca e não estava disponível:

"Voce não conhece algum motora que vai", pergunta João Rocha.

"Tenho um bom. So que ta ocupado com cabeça branca / Ele fiz um contrato com cabeça e so quando acabar."

No início de maio, Mogollon disse a João Rocha que Cabeça Branca estava interessado na compra de um Cessna 210:

"Cual aconseja voce", perguntou o colombiano, em portunhol.

"O melhor é o [Cessna 210] IO-550 / Mais é o mais caro / O motor tem mais potencia / Melhor pra decolar e anda mais / É pra voce ou pro figo?", devolveu o brasileiro.

"Para figo."

Dias depois, Mogollon pediu para João Rocha ir até Foz do Iguaçu encontrar-se com ele e com Cabeça Branca — tudo indica que esse último queria pagar por um novo frete aéreo de cocaína. Na segunda quinzena de junho, João Rocha voltaria a ser contratado pelo traficante de Londrina. Naqueles dias, o pecuarista do Pará utilizara seus aviões para trazer carregamento de cocaína de Cabeça Branca, desde a Venezuela até o norte de Mato Grosso.

"Estamos organizando aqui pra ir", escreveu João Rocha para o colombiano Daniel no dia 25 de junho.

CABEÇA BRANCA

Três dias antes, agentes da PF acompanharam o avião Navajo PT-IDQ sair do hangar da pista utilizada pelo grupo de João Rocha em Porto Nacional (TO). A droga seria apreendida nos dias 1º e 2 de julho, escondida em dois caminhões, em Mato Grosso, conforme será narrado no capítulo 10.

* * *

A operação da Polícia Federal contra o esquema de João Rocha começaria a se desenhar na metade de 2016, quando o agente Tiago Conceição foi transferido da delegacia de Redenção (PA) para a de Palmas. Na época, Conceição vinha acompanhando os passos de dois antigos pilotos do tráfico no sul do Pará. A vigilância levou-o até uma pista de pouso na zona rural de Porto Nacional, interior do Tocantins. Um informante disse ao policial que o local era utilizado para o tráfico de drogas em aviões de João Soares Rocha — o pecuarista já vinha sendo acompanhado por agentes da Coordenação-Geral de Polícia de Repressão a Drogas, Armas e Facções Criminosas da Polícia Federal (CGPRE), em Brasília.

Conceição, o agente Rodrigo Carvalho e o delegado Josean Severo de Araújo, da DRE do Tocantins, decidiram montar uma operação. Faltava um nome, como é tradição na PF. A ideia era batizar a investigação com um nome associado a aviões, o meio de transporte utilizado por João Rocha para traficar cocaína. Após algumas buscas no Google, Araújo sugeriu Flak, palavra derivada do alemão *Flugabwehrkanone*, que significa "canhão de defesa contra aviões", muito empregada na Segunda Guerra Mundial.

O primeiro flagrante da Flak viria em agosto de 2017, quando Cabeça Branca já estava atrás das grades. Naquele mês, o grupo de João Rocha levou um carregamento de pelo menos 360 quilos de cocaína em um Cessna 210 do sul da Venezuela até a região de Lethem, na Guiana, próximo à fronteira com o Brasil — o objetivo inicial era carregar mais droga, mas não foi possível devido às más condições da pista, "muito fofa", segundo o piloto Aroldo Medeiros. Em seguida, um bimotor Beechcraft King Air, com capacidade para transportar até duas toneladas de cocaína e autonomia para atravessar continentes, saiu de São Félix do Araguaia (MT) com destino à mesma pista na Guiana. Para a Polícia Federal, o avião levaria a droga descarregada dias antes por Medeiros até a África. A PF comunicou o pouso iminente ao escritório da DEA em Georgetown, capital da Guiana, que por sua vez acionou a Guyana Police Force. Na noite de 13 de agosto, os policiais guianenses avistaram a aproximação do King Air, mas fizeram a abordagem antes do embarque da cocaína. Piloto e copiloto foram fichados e liberados — um deles era integrante da Força Aérea da Colômbia —, e o avião, apreendido. Anotações encontradas dentro do King Air indicavam que a cocaína seria levada no avião até o Saara Ocidental, país ao sul de Marrocos, onde seria recepcionada pelo piloto colombiano naturalizado alemão Willy Norman Schaffer Buitrago, a quem caberia transportar o carregamento até a Europa.

Outra ação mal executada, agora no Brasil, prejudicaria a Flak. Três dias antes do flagrante na Guiana, outra equipe da PF, sem relação com a operação, invadiu o hangar de João Rocha em Porto Nacional em busca de um avião roubado. A ação deixou os alvos mais ariscos — João Rocha viu relação entre a blitz e a apreensão do King Air na Guiana:

"Esse k [king] devia ta com chip", escreveu o chefe para Raimundo Prado Silva, o Trigueiro, brasileiro coordenador do esquema no Suriname. Para João Rocha, o avião flagrado na Guiana estava com rastreador.

Trigueiro deu a entender na conversa que a informação de que a polícia guianense abordaria o King Air chegou até ele com antecedência, o que possibilitou a fuga do piloto Aroldo Medeiros, apelidado de Zan ou Zangado, da pista em Lethem.

"Me falaram eu liguei la dentro e avisei o zan ele tava la dentro / Ai veio pra outro lugar / Pior que o pessoal do obama tao junto nisso", responde Trigueiro. Ele se referia à DEA, que indiretamente participou da apreensão do King Air.

CABEÇA BRANCA

* * *

No Suriname, vizinho à Guiana, o grupo de João Rocha trabalhava com muito mais tranquilidade. Isolado culturalmente do restante do continente — a língua oficial do país é o holandês — e com 80% do território formado por densas florestas inabitadas, o Suriname, assim como a Venezuela, tornou-se um narcoestado, entreposto da cocaína produzida na Colômbia com destino à Europa, sob o comando de Desiré Delano Bouterse.[7] Após liderar um golpe militar no país no início dos anos 1980, Bouterse criou um cartel das drogas baseado em Paramaribo, o Suri Cartel. No fim da década de 1990, Dési Bouterse, como é chamado, e o filho Dino, que na época era funcionário da embaixada surinamesa em Brasília, desviavam armamento pesado do Exército do Suriname e entregavam ao narcotraficante brasileiro Leonardo Dias Mendonça, a quem cabia trocar as armas por cocaína com as Farc na Colômbia. A droga, por sua vez, era levada em aviões até pistas de pouso clandestinas na selva surinamesa, de onde seguiam para a Europa. Em 1999, Dési Bouterse foi condenado pela Justiça holandesa por traficar 474 quilos de cocaína para Amsterdã — desde então, o ex-ditador evita viajar para países que tenham tratado de extradição com a Holanda.[8] Naquele mesmo ano, a Justiça Federal de Goiânia decretou a prisão preventiva de Bouterse pelas ligações dele com Dias Mendonça, investigadas na Operação Diamante — o mandado seria extinto anos depois. Ao eleger-se presidente do Suriname em 2010, Dési Bouterse nomeou o filho Dino para comandar a polícia antiterrorismo do país, a Counter Terrorism Intelligence Unit (CTIU). Três anos depois, agentes da DEA disfarçaram-se de integrantes do Hezbollah e negociaram com Dino no Panamá a instalação de uma base do grupo libanês no Suriname e um carregamento de cocaína e armas para os Estados Unidos. Ele foi preso e extraditado para os EUA, onde seria condenado a dezesseis anos de reclusão. Fora do comando de Dino, a CTIU tornou-se a unidade policial mais confiável do país, uma vez que a Narcotics

Intelligence Unit (NIU), polícia antinarcóticos, está mergulhada em corrupção — em 2018, Brian Blue Adans, o traficante holandês associado a Cabeça Branca, pagou 600 mil euros de propina a policiais da NIU para evitar ser preso em flagrante com 800 quilos de cocaína.

Tudo isso fez do Suriname uma das principais bases de atuação da quadrilha de João Rocha, sob a coordenação do brasileiro Trigueiro.

"Aqui mandamos na metade da terra", disse Trigueiro para o paraense, em agosto de 2017. "A outra metade tá no bolso."

No Suriname, Trigueiro conseguia telefones satelitais para a quadrilha, impossíveis de serem interceptados. Certo dia, ele ensaiou com o sócio no Brasil a compra de 400 quilos de cocaína por US$ 2,8 mil o quilo:

"Avisa pra ele que tem que ser boa / Só um padrao só / 2800 dá pra pagar mais tem que ser sem liga / Fala sem liga, sem corte, aí ele vai saber que eu entendo do negocio."

O brasileiro radicado em Paramaribo dizia ter dinheiro em contas bancárias na Europa e elogiava o trabalho coordenado da quadrilha no tráfico de cocaína:

"Aqui somos um time / Colote [colombianos] brasil surinamês / holandês / Cada qual faz sua parte / Ninguem interfere na parte um do outro / [...] Todos ganham."

Em outubro de 2017, a quadrilha levou três toneladas de cocaína da Venezuela para o Suriname, em voos com 300 quilos cada da droga em aviões Cessna 210. Por meio da DEA, os agentes brasileiros Tiago Conceição e Rodrigo Carvalho acionaram a polícia surinamesa para que localizassem os aviões, mas a informação vazou para Trigueiro:

"Toma cuidado", escreveu ele para João Rocha. Esse último pergunta se a informação foi repassada por um integrante do esquema no Brasil, mas Trigueiro nega:

"Eh o cara daqui / Os fiscais daqui / Eh coisa quente"

Na madrugada do dia 25 de fevereiro de 2018, às 3h15, quatro agentes da PF abriram com uma chave micha o cadeado do hangar

CABEÇA BRANCA

de João Rocha em Ourilândia do Norte (PA). O objetivo da busca, autorizada pela Justiça, era saber quais aviões estavam guardados no local. Entre eles, havia um Cessna 210, matrícula PP-IAP. Na manhã daquele dia, o avião decolou da pista com destino à Venezuela e, em seguida, ao interior do Suriname, próximo ao rio Tabiti, onde descarregou o primeiro de cinco fretes com cocaína. A PF entrou em contato com uma equipe da CTIU, que localizou a pista, mas não conseguiu flagrar o Cessna. No local, havia ferramentas, galões com combustível para aviões e documentos de um piloto brasileiro da quadrilha. Três dias depois, em 28 de fevereiro, os policiais surinameses encontraram no rio Saramacca, a oeste de Paramaribo e próximo ao rio Tabiti, um semissubmersível de 20 metros de comprimento por 7 de largura, com capacidade para transportar até 7 toneladas de cocaína para a África ou a Península Ibérica, fabricados por um grupo de colombianos. Entre o material apreendido estavam as coordenadas de outra pista de pouso, a apenas 15 quilômetros do local onde estava o submarino. Na manhã do dia 13 de março, outro avião de João Rocha, um Cessna 210 matrícula PT-LNU, pilotado por Harti Lang, ligado a Ronald Roland e a Cabeça Branca, decolou da Venezuela com destino a essa pista. Quando se preparava para pousar, o piloto viu os policiais da CTIU próximos à pista. Arremeteu o voo e tomou o rumo da vizinha Guiana. Imediatamente o avião começou a ser perseguido por um helicóptero da polícia surinamesa. Embora a aeronave fosse um pouco mais lenta do que o Cessna, quando faltavam poucos quilômetros para o avião pilotado por Lang cruzar a fronteira, o piloto da CTIU conseguiu atirar em uma das asas, furando o tanque de combustível. Entre cair na floresta e ser preso ao retornar à pista próxima ao rio Saramacca, Lang escolheu a segunda opção. Piloto e copiloto foram presos com os 488 quilos de cocaína. Anotações de coordenadas de pistas na Venezuela levariam à apreensão de 450 quilos de cocaína no país vizinho, em abril de 2018.

Após o flagrante nas margens do rio Saramacca, no Suriname, boa parte dos policiais da CTIU que participaram da operação foram remanejados para outros setores pela gestão Bouterse — tanto a área onde foi encontrado o submarino quanto a da apreensão do avião pertencem a Ramchender Oedit, empresário que atua no plantio de arroz e é um dos maiores financiadores das campanhas eleitorais de Dési Bouterse. Oedit foi preso na Holanda em outubro de 2018; no fim do ano seguinte, ele aguardava extradição para o Suriname, onde é acusado de protagonizar grandes esquemas de tráfico de drogas.

* * *

Em maio de 2018, seria a vez de a PF brasileira protagonizar um episódio de perseguição aérea a um avião de João Rocha abarrotado com cocaína. Naquele mês, policiais da DRE de Mato Grosso souberam que Evandro, irmão de João Rocha, comprara um Cessna 210, prefixo PR-LVY. O avião ficou várias semanas em manutenção no aeroporto de Santo Antônio do Leverger (MT), até que, em 11 de julho, voou para o interior de Goiás e de lá para a Bolívia. Os agentes Conceição e Carvalho intuíram que a aeronave retornaria ao Brasil com droga e pousaria em alguma pista do interior goiano ou mato-grossense. No entanto, na tarde do dia seguinte, os radares da Força Aérea Brasileira (FAB) indicavam que o avião rumava para o Tocantins. O delegado Josean contatou o Centro Integrado de Operações Aéreas (Ciopaer), da Secretaria de Segurança Pública do Estado, que disponibilizou um helicóptero para abordar o Cessna. Embarcaram dois pilotos e dois tripulantes do Ciopaer, além dos agentes Conceição e Carvalho. Após algumas horas de voo, sem a localização precisa do avião e com pouco combustível, o helicóptero pousou em um campo de futebol de Formoso do Araguaia (TO). De repente, Carvalho viu um avião no céu claro. Era o Cessna PR-LVY, que se preparava para pousar em uma pista de terra nas proximidades. Rapidamente o helicóptero levantou voo e foi até o local. Enquanto Carvalho rendia o piloto próximo ao avião, Conceição foi atrás do copiloto, escondido no mato. Faltava encontrar a droga, que já não estava mais na aeronave. Conceição

CABEÇA BRANCA

pressionava o copiloto a dizer onde estava a cocaína quando Carvalho chegou com o piloto algemado:

— Não adianta mentir. Essa nós perdemos — disse o piloto para o seu auxiliar. Em seguida, olhou para os policiais: — Deixamos a carga na cabeceira da pista.

No total, foram apreendidos 283 quilos de cocaína. O cerco de veículos da Polícia Militar que se seguiu provavelmente espantou a equipe responsável por recolher o carregamento na pista.

A Operação Flak foi deflagrada na manhã de 21 de fevereiro de 2019.[9] Foram 37 prisões em sete estados e no Distrito Federal — entre os presos estavam João Rocha e o piloto Aroldo Medeiros. O chefe do esquema foi detido na chácara dele em Tucumã (PA) por sete agentes, incluindo Conceição e Carvalho — esse último deixou crescer um bigode como "homenagem" ao seu alvo principal. Também foram apreendidos 47 aviões e sequestradas pela Justiça 13 fazendas, a maioria de João Rocha, com 10 mil cabeças de gado. Naquele dia, a polícia surinamesa cercou a casa onde estava Raimundo Prado Silva, o Trigueiro, em Paramaribo. No fim da manhã, no entanto, os policiais receberam ordem do Ministério da Justiça do Suriname para deixar o local, sem mais explicações. Ronald Roland foi preso cinco meses depois em São Paulo. Todos, incluindo Cabeça Branca e Wilson Roncaratti, foram denunciados à 4ª Vara Federal de Palmas por organização criminosa, tráfico internacional de drogas, associação para o tráfico e financiamento para o tráfico. As ações penais não haviam sido julgadas no fim de 2020.

O grupo de "fretistas da coca" desvendado pela Polícia Federal na Operação Flak era somente um dos muitos com quem Cabeça Branca se relacionava. Havia muitos outros, concentrados sobretudo no centro-sul do Brasil. Ao rastrear essas quadrilhas, a PF acabaria por capturar o *capo*, depois de décadas de perseguição. O protagonismo da caçada coube a um discreto escritório de inteligência da PF instalado justamente na cidade onde Cabeça Branca cresceu e fez fama no crime.

9

Capitão Ahab

Entre o fim de 2010 e o início do ano seguinte, a Polícia Federal decidiu estender o modelo de escritórios descentralizados de inteligência para o interior do Brasil. A ideia era replicar o sucesso da base instalada anos antes na Superintendência da PF em São Paulo, responsável por desvendar grandes esquemas de tráfico internacional de cocaína a partir do território paulista, como a Niva, contra um braço do clã Šarić instalado no porto de Santos, a Deserto e a Semilla, que desarticularam esquemas de exportação de cocaína boliviana pelo centro-sul brasileiro. As bases, denominadas Grupos Especiais de Investigações Sensíveis (Gise), seriam desvinculadas administrativamente das delegacias da PF, com equipes pequenas (para compartimentar ao máximo a informação e evitar vazamentos) e alto preparo em técnicas de investigação, com o objetivo não somente de se identificarem grupos de traficantes e apreender carregamentos de droga, mas de desvendar métodos de lavagem de dinheiro, já na época uma prioridade na PF, ainda em tempos pré-Lava Jato.

Foram montadas trinta bases Brasil afora. A de Londrina foi a oitava, oficialmente criada em outubro de 2013 em um imóvel cedido pelo governo federal — o endereço é mantido em sigilo. Com um histórico ligado ao contrabando e ao narcotráfico em larga escala devido à sua localização, a meio caminho entre São Paulo e o Paraguai, a cidade do norte paranaense apresenta condições favoráveis para a lavagem de dinheiro: é um polo regional, com quase 600 mil habitantes; sua economia é diversificada, com leve predominância do setor de serviços; e possui alta renda per capita (R$ 34,4 mil), segundo o IBGE.[1]

A base londrinense foi batizada de Montagu, em referência à missão chefiada pelo ex-secretário das Finanças do Tesouro britânico Edwin Samuel Montagu que aportou no Brasil em 1923 para auditar as finanças do país. A missão, batizada com o sobrenome do político inglês, era uma condição dos banqueiros ingleses para avalizarem um empréstimo de 25 milhões de libras esterlinas solicitadas pelo então presidente brasileiro, Artur Bernardes, com o objetivo de liquidar a dívida tupiniquim. O empréstimo acabaria inviabilizado pelos banqueiros ingleses, mas a missão Montagu deixaria frutos no Brasil. Simon Joseph Fraser, lorde Lovat, assessor da missão inglesa para assuntos ligados à agricultura, interessou-se pelo fértil solo do então inexplorado norte paranaense e, de volta à Inglaterra, organizou a Companhia de Terras do Norte do Paraná, que comprou 1,32 milhão de hectares na região, construiu uma linha férrea ligando a região à cidade paulista de Ourinhos e dividiu a área em pequenos lotes, revendidos para colonos vindos de outras partes do Brasil para o plantio de algodão e café. Em 1929, surgiu um pequeno povoado no interior da propriedade, batizada de Londrina em homenagem aos ingleses. Era o embrião da cidade paranaense, fundada cinco anos mais tarde.[2]

A chefia da base Montagu ficou a cargo do jovem e vaidoso delegado Elvis Aparecido Secco, de Londrina. Alto e corpulento, resultado de muitas horas na academia e de aulas de karatê e MMA, Secco graduara-se em economia e em direito e estava na PF desde 1996; antes de se tornar delegado, fora escrivão e agente. Logo no início de 2014, o grupo de inteligência recém-criado iniciaria sua primeira grande operação. Informações do Gise da Polícia Federal de São Paulo apontavam para um grupo de narcotraficantes paulistas,

CABEÇA BRANCA

ligados à facção criminosa PCC, baseado em Londrina e capitaneado por Alexandre Teodoro de Souza, o China, Eder Adriano Banzatti e Manoel Fernandes da Silva. Os três ostentavam padrão de vida elevado: viviam em condomínio de luxo, circulavam pela região com veículos caros e passavam feriados prolongados a bordo de uma lancha no rio Paranapanema. O grupo possuía três empresas: uma transportadora, denominada Vexpress, e dois postos de combustível, em Hortolândia (SP) e Cambé, município vizinho a Londrina — esse último posto, chamado Ferrari, daria nome à operação.[3] (É costume do PCC lavar dinheiro em postos devido ao grande volume de dinheiro movimentado diariamente por esse tipo de negócio.)

Com autorização judicial e auxílio de seis auditores cedidos pela Receita Federal, o delegado analisou as declarações do Imposto de Renda dos líderes do grupo. China declarou rendimento de R$ 120 mil em 2013, mas movimentou, naquele ano, mais de R$ 1 milhão em suas contas bancárias, além de ter informado a posse de bens avaliados em R$ 1,1 milhão. Já o posto Ferrari, de Silva, movimentou, apenas em 2013, R$ 3,38 milhões em suas contas, mas emitiu notas fiscais de apenas R$ 900 mil no período, deixando descoberta a diferença de R$ 2,48 milhões; naquele mesmo ano, a Vexpress, também de Silva, declarou R$ 3,5 milhões apenas em veículos, enquanto seu dono informou rendimentos de apenas R$ 144 mil naquele ano. "Não se queda necessário fazer muito esforço intelectual para chegar à conclusão de que o investigado Manoel Fernandes não tem capacidade financeira para adquirir uma empresa em que só o imobilizado em veículos é de R$ 3,5 milhões", escreveu o delegado Secco.

China exibia um longo passado de crimes, muitos deles ligados à facção criminosa paulista. Nos atentados do PCC em maio de 2006, coube a ele a ordem para atacar bases policiais na região de São João da Boa Vista (SP). Três meses mais tarde, em agosto de 2006, China foi preso, acusado de lavar o dinheiro sujo da facção em uma loja de automóveis na cidade do interior paulista, chamada China Motocar.

Na época, ele tinha dois mandados de prisão em aberto, por homicídio e roubo. Depois de solto, anos depois, mudou-se para Londrina e, com o auxílio de Silva e Banzatti, criou um novo esquema de tráfico. A pasta base de cocaína vinha do Peru e da Bolívia até as mãos dos irmãos Adib e Nasser Kadri em Salto del Guairá, Paraguai. O trio comprava a pasta base do clã Kadri e levava a droga em automóveis até a região de Campinas, historicamente uma base importante da facção criminosa, onde era refinada e multiplicada com a mistura de outros produtos, como bicarbonato de sódio e cafeína. Em seguida, a droga seguia de caminhão até Salvador, Bahia, onde era vendida para traficantes no bairro Engomadeira. O dinheiro do pagamento ia em voos comerciais, na bagagem de mulas, para Londrina, onde era lavado na compra de veículos, o antigo métier de China, e também injetado na transportadora e no posto — nesse último caso, os traficantes costumavam utilizar o dinheiro do tráfico para adquirir combustível das distribuidoras por meio do pagamento de boletos e, assim, "esquentar" o capital ilícito.

Logo no início da investigação, os agentes da base Montagu constataram viagens constantes dos alvos tanto para as cidades de Guaíra (PR) e Novo Mundo (MS), vizinhas a Salto del Guairá, em caminhonetes, quanto deslocamentos de avião no eixo Londrina–Campinas–Salvador. Cada um dos líderes possuía de dois a cinco celulares — parte deles era usada para conversas rotineiras com a família e parte formava um "circuito fechado" de telefonia, em que os aparelhos só conversam entre si, para tratarem do tráfico de cocaína. A PF então reforçou a vigilância sobre o trio, e percebeu quando, no início de setembro de 2014, Silva desembarcou no aeroporto de Londrina, vindo de Salvador. Nos raios X da mala que ele despachara, os policiais encontraram maços de dinheiro — em uma ação controlada, o montante não foi apreendido para não chamar a atenção do grupo. A soma foi utilizada para pagar boletos no posto. Dez dias depois, Banzatti retornou a Mundo Novo para negociar uma nova remessa de pasta base com os irmãos Kadri.

CABEÇA BRANCA

No começo do mês seguinte, outubro de 2014, Silva e Banzatti viajaram de carro até Hortolândia (SP), onde se encontraram em outro posto de combustíveis, o BBB (Bom, Bonito e Barato), com o quarto líder do esquema, Valdeci Vieira da Costa, dono do posto. De lá, a dupla foi para a vizinha Campinas e embarcou em um voo para Salvador. Na viagem de volta, assim que chegaram no aeroporto de Viracopos, fiscais da Receita Federal acionados pela PF apreenderam R$ 520 mil na mala de Silva — por uma falha da fiscalização, a mala de Banzatti não foi vistoriada. Uma das notas apreendidas trazia a palavra Andinho, apelido de Wanderson de Paula de Lima, conhecido líder do PCC em Campinas, preso desde o início dos anos 2000 e condenado a mais de quatrocentos anos de prisão por sequestro e tráfico de drogas.

O próximo flagrante da base Montagu seria a apreensão de 900 quilos de cafeína, utilizada para o refino da pasta base no laboratório do grupo na região de Campinas. O produto estava em 36 tambores dentro de um caminhão vindo de São Paulo. Semanas mais tarde, no início de dezembro de 2014, o grupo começou a se movimentar para enviar uma nova remessa de droga para Salvador, já que um carregamento remetido antes havia sido de má qualidade — a essa altura, os agentes da PF já haviam quebrado o circuito fechado de telefonia do esquema após um descuido do grupo, que utilizou um celular "normal" para acionar um dos aparelhos do circuito. A carga, 53 quilos no total, foi apreendida pela PF em Feira de Santana, já próximo da capital baiana. Para compensar o prejuízo, naquele mesmo mês um novo carregamento foi despachado da região de Campinas para Salvador, em um automóvel. Dessa vez, a cocaína chegou ao destino e teve a qualidade aprovada por cinquenta traficantes (e viciados) na Engomadeira:

— Já botou na pista, parça. Eu já fiz 40 ontem, ele já cortou 10 quilos e já mandou pra pista pra ver o resultado. Acabei com a empresa ontem, deixei tudo muito louco. Sabe o que é cinquenta homem louco? — disse Banzatti.

— Ficou pancada, tio? — perguntou China.

— Ficou pancada, ficou pancada.

— Não tem o que reclamar agora, né?

— [...] Forte, daquele jeito fininho, tá ligado? [...] Ficou pancada. E já prensei, pô, ficou bonita pra caraio.

A PF calcula que, apenas entre setembro e dezembro de 2014, o grupo tenha enviado, com sucesso, 120 quilos de cocaína para Salvador.

No meio da Operação Ferrari, em janeiro do ano seguinte, o delegado Elvis Secco passaria por um dissabor: ele estava na rua Mariano Torres, centro de Curitiba, onde havia acabado de se reunir com o procurador do MPF que participava das investigações, quando ele e um agente da Montagu foram abordados dentro do carro por um assaltante armado. Enquanto o homem pegava joias e celulares dos dois policiais, a dupla reagiu e acertou um tiro no peito do ladrão. Apesar da gravidade do ferimento, ele sobreviveu. A Polícia Civil considerou legítima defesa a ação do delegado e do agente.

As investigações da Ferrari seguiram, e em fevereiro de 2015 a PF apreendeu 25 quilos de pasta base e outros 25 de crack no estacionamento de um supermercado de Salvador, além de 5 quilos de cocaína no bairro da Engomadeira.

* * *

Não era somente a base Montagu que estava na cola do grupo. Policiais civis de São Paulo também investigavam China, apontado como "mineral" do PCC, termo que designa os responsáveis pela contabilidade da facção. No entanto, o objetivo dos policiais paulistas não era prender o bando, mas achacar um dos seus líderes. China disse em uma conversa gravada pela PF que, somente em outubro de 2014, pagou R$ 400 mil de propina aos policiais civis.

— [Se] ficar muito em cima eu não vou ter mesmo, entendeu? Nem que eu mate, me mate, não tem. Não tem da onde tirar, entendeu?

CABEÇA BRANCA

Não tem o que vender pra tirar. Coisa que eu tinha que vender é a Porsche, mas como é que vai vender a Porsche financiada e o cara vai pagar de uma hora pra outra que não tem recibo? Tem que quitar pra vir o recibo, entendeu? Vai demorar uns quatro, cinco dias, dez dias, sei lá — reclamou China.

— Eu vou falar com ele. Eu vou lá falar com ele pessoalmente — respondeu o interlocutor.

— Tá bom. Se quiser, coloca ele pra falar com o rádio e eu já vou falar uns barato pra ele, que não tá muito certo com esse cara aí, não. Esses negócio de ficar pressionando, de ficar pressionando os outro aí, entendeu? Daqui a pouco eu me invoco e não pago é porra nenhuma, mando esses caras tocar pra frente e meto na corregedoria, entendeu? [...] Terceira vez que os caras vêm fazendo pressão, foi mandado mais de 400 mil reais pra eles, entendeu? Acho que não era pra mandar nada, porque não tem nada, entendeu? O cara vai lá, faz um monte de dossiê com um monte de foto velha lá e vem extorquir os outros?

Tudo indica que a propina foi paga. Mas, em abril de 2015, os mesmos policiais ameaçaram cumprir um mandado de busca em uma das casas de China, em Araçoiaba da Serra (SP). Em conversa com a mulher que estava no imóvel, o traficante ficou desesperado:

— Tira os chips, quebra os chips, joga na descarga, dá descarga, e pega os telefone, coloca na sacola e joga fora, joga no mato. Entendeu? Porque os caras falou que vai ficar aí até de manhã, e de manhã vai invadir. [...] Vê se tem algum documento meu aí, papel, alguma coisa. É, aquele documento do jet ski, entendeu? Dá pra alguém já sair com esses documentos fora daí, tudo o que é meu.

Mais tarde, China telefonou para o seu advogado:

— Nós vai fazer o seguinte. Nós não vai pagar nada [propina] na fumaça não. Fala pros caras o seguinte... é o mandado que cês quer cumprir. Então beleza, cês vai entrar e vai cumprir o mandado de vocês.

No fim, China acabou aceitando pagar propina de R$ 100 mil, e o mandado não foi cumprido. Os policiais civis corruptos não foram identificados pela PF.

Em Londrina, o grupo contava com um aliado importante: o tenente-coronel Mauro Rolim de Moura, comandante da Polícia Militar na região.

— Acho que amanhã a Cris vai fazer uma feijoadinha em casa. Se ela for fazer mesmo, vou ligar pro senhor ir almoçar lá em casa com nós — disse Silva ao oficial da PF.

— Então tá, de repente nós vamos almoçar lá — respondeu Moura.

Certo dia, o coronel solicitou ao traficante a compra de pneus novos para o carro da corporação utilizado por ele, conforme ficou claro em conversa entre Silva e Roger, o dono da loja onde os pneus foram adquiridos:

— O coronel pediu pra ajudar, colocar quatro pneus numa viatura, faz dias já. Aí ela [funcionária da loja] foi e me cobrou uma fortuna. Falei, caramba, pensei que o Roger ia dá uma forcinha também, né? Que é pra acabar ajudando nós mesmo aí, segurança pública.

No Carnaval de 2015, Rolim de Moura foi para a propriedade de Silva às margens do rio Paranapanema comemorar a data. Dias antes, Banzatti acionara o coronel para resolver uma discussão no condomínio onde o traficante morava:

— Eu tive que mostrar, né; ele acha que ele é o bonzão, eu falei, não, pera aí, você tá ligando pra polícia, pera aí que eu vou ligar pra quem manda na polícia. Você sabe, né, chefe? A gente é nós, né! Tá doido?

Ao notar que funcionários do condomínio estavam anotando as placas dos seus carros, China telefonou para Silva e ameaçou acionar o coronel; ele temia que os dados fossem repassados para os policiais civis de São Paulo que o extorquiam:

— Eu vou falar pra ele, "ou você fala aqui pra nós, ou nós vai chamar o coronel aqui, da cidade, e cê vai ter que explicar pra ele pra onde cê tá mandando esses negócios aí amigão, entendeu? Se tá mandando pra alguém vir roubar nós". Pra ver se consigo tirar esse cara daqui, meu.

CABEÇA BRANCA

A Operação Ferrari foi deflagrada no dia 15 de junho de 2015. Foram presas dezesseis pessoas, incluindo China, Silva, Banzatti e o tenente-coronel Rolim de Moura. O oficial da PM admitiu conhecer China e Silva — na casa desse último foram apreendidas fotos dele ao lado dos traficantes em festas promovidas pelo bando — mas alegou desconhecer o passado criminoso do grupo. Na agenda de Silva, apreendida pela PF, havia o contato de seis policiais militares de Londrina, subordinados a Rolim de Moura.

Planilhas apreendidas pelos agentes no posto Ferrari mostraram que o grupo chegava a movimentar R$ 1 milhão em cada remessa de cocaína do Paraguai até Salvador; na casa de China, foi encontrada uma máquina de contar cédulas e R$ 560 mil em dinheiro vivo. A prisão interrompeu os planos do grupo de comprar mais um posto de combustível no Paraná por R$ 1,7 milhão.

No total, a base Montagu apreendeu 42 veículos, entre eles seis da marca BMW e um jipe Hummer, além de um helicóptero de Valdeci Vieira da Costa no valor de R$ 2,9 milhões, sem contar 34 imóveis no Paraná, São Paulo e Mato Grosso do Sul. No total, foram sequestrados bens avaliados em R$ 82 milhões — na época, foi a maior apreensão de patrimônio da PF em ações contra o narcotráfico no Brasil. China, Silva e Banzatti foram condenados por tráfico internacional de drogas, associação para o tráfico e lavagem de dinheiro: os dois primeiros tiveram pena de 26 anos de prisão; o terceiro, 24 anos. Os irmãos Kadri foram condenados, cada um, a vinte anos de reclusão por tráfico e associação para o tráfico. Embora tenha sido indiciado pela PF por corrupção passiva, o tenente-coronel Rolim de Moura não foi denunciado à Justiça pelo Ministério Público Federal. Ele aposentou-se em 2017 com um salário líquido de R$ 19,4 mil mensais, de acordo com o portal da transparência do governo do Paraná.

* * *

A Operação Ferrari mal havia sido finalizada e os agentes da base Montagu — seis, na época — iniciaram outra investigação a partir de duas grandes apreensões de cocaína no interior paulista: a primeira, em maio de 2014, quando a PM flagrou 475 quilos de cocaína escondida em um caminhão na rodovia Raposo Tavares, em Presidente Prudente; a segunda, 280 quilos da droga em outra carreta, quatro meses depois, na rodovia Castello Branco, em Araçariguama. O primeiro caminhão estava registrado em nome de Claudinei de Jesus, empresário que morava em Londrina; o segundo, em nome de duas irmã dele. Na época, um dos agentes da Montagu cedido temporariamente ao Gise de Presidente Prudente obteve da PF local e da PM paulista mais informações sobre Nei, como era chamado. Durante alguns anos, ele trabalhou como motorista de caminhão para Magnus Kelly Alves Garcia, empresário potiguar radicado em Martinópolis, cidade vizinha a Presidente Prudente, dono da transportadora MKAG — as carretas eram utilizadas para transportar grandes carregamentos de cocaína da Bolívia até o porto de Santos, de onde o entorpecente era exportado para a Europa. Em 2014, entretanto, Nei mudou-se para Londrina e trocou de patrão: agora estava subordinado à boliviana Lidia Cayola Mosquera. Nascida na região de Cochabamba em setembro de 1980, Lidia radicara-se em Santa Cruz de la Sierra, onde, assim como Magnus, possuía uma transportadora para fazer fretes entre a Bolívia e o Brasil. Ela possuía dezenas de imóveis em Corumbá (MS) e uma casa no bairro do Brás, reduto de bolivianos em São Paulo. Para a PF, Lidia era considerada na época a maior fornecedora de cocaína do país vizinho, com capacidade para movimentar até três toneladas da droga por mês. A empresária contava com a ajuda direta do marido, Ramiro Condori Aguilar, e dos cunhados Roberto e Obaldo.

Assim como a patroa boliviana, Nei reuniu no seu esquema vários familiares: a mulher, a irmã, o cunhado, o sobrinho, o padrasto, o concunhado. Todos de sua estrita confiança, uma estratégia comum entre os traficantes para evitar delações e vazamentos de informações. Certo dia, após apanhar de Nei, sua mulher prestou queixa contra ele na delegacia, mas apenas em relação à agressão, como ela deixou claro em conversa com o marido:

CABEÇA BRANCA

— Eu dei queixa da agressão. Não vou mentir pra você, eu dei. [...] Só que você pode... ó Nei, uma coisa, isso daí você pode ter certeza, uma coisa que eu não vou fazer nunca é prejudicar você por causa do teu serviço, abrir a boca, isso eu não vou fazer. [...] Eu não coloquei nada de caminhão, nada do que você faz, não vou te prejudicar nisso, nunca, jamais. Você sabe muito bem que todas as vezes que você precisou de mim, eu fui, eu ajudei, e não vai ser agora que eu vou te prejudicar. Eu só quero simplesmente ficar em paz. Só isso. Sabe, eu não quero te prejudicar jamais, nunca, eu só quero poder ter meu sossego, ter minha paz. Eu quero poder entrar na minha casa sem ter medo de apanhar, sem ter medo de ser xingada. Só isso.

Nei preenchia com tabletes de cocaína os fundos falsos das carrocerias dos caminhões em Puerto Quijarro, na Bolívia, ou na vizinha Corumbá, carregava o veículo com cargas lícitas — geralmente minério de ferro, abundante no Pantanal — e rumava para Vinhedo, já próximo a São Paulo, onde o grupo possuía um galpão para construir os fundos falsos e armazenar a droga, à espera do comprador. A PF acredita que a cocaína transportada por Nei tivesse como destino o mercado interno, para as facções criminosas PCC e CV.

Os telefones do grupo de Nei começaram a ser monitorados pela base Montagu em 16 de janeiro de 2015. O cuidado dos integrantes com conversas pelo celular era mínimo, o que facilitou o trabalho dos agentes. O primeiro flagrante viria com apenas cinco dias de grampo: 190 quilos de cocaína escondidos no fundo falso de uma carreta saída de um galpão pertencente a Lidia e dirigida por Jeferson Santini na BR-262, em Corumbá, rumo a São Paulo. José Amâncio da Silva, padrasto de Nei, dirigia outro caminhão logo à frente, na função de "batedor" — caberia a ele avisar o motorista de trás, que levava a droga, sobre a presença de alguma barreira policial na estrada. Silva chegou a ser abordado por policiais rodoviários, mas, a pedido da PF, foi solto. Havia um motivo: com pouca experiência no ramo, o padrasto de Nei conversava abertamente sobre os esquemas do enteado no telefone.

— Manda um zap [mensagem de WhatsApp] pro Nei aí que eu tô achando que o rapaz já rodou já — disse ele para a mulher, mãe de Claudinei.

— O quê?

— Manda um zap pro Nei aí, porque hoje cedo a polícia... a fiscalização parou eu e revistou meu caminhão tudo.

— Mas ele [caminhoneiro preso] já tava carregado com a droga já.

— Tá tudo... faz quinze dias que tá carregado, é que demorou muito a sair com a caçamba, lá tem que passar de dia, lá o fiscal é boca quente, ele para mesmo. [...] Os caras desconfiaram de alguma coisa, certeza. [...] Eu tô com medo de ele falar que tava junto comigo, aí eu tô enrolado, aí vou preso junto com ele, você acha, tô é fudido, queira Deus que eu saia daqui.

— Vê se consegue falar comigo alguma coisa, pelo amor de Deus, não deixa eu preocupada não.

Dez dias depois, em 31 de janeiro, nova apreensão de cocaína de Lidia transportada pelo grupo de Nei: 133 quilos, também em um caminhão que se preparava para sair de Corumbá. Após o segundo flagrante, o grupo abandonou seus telefones e passou a se comunicar pelo WhatsApp, o que dificultou o trabalho da PF — a pedido da base Montagu, a Justiça determinou ao Facebook, dono do aplicativo, que fornecesse aos agentes o conteúdo das conversas do grupo pelo aplicativo, mas a empresa norte-americana se negou a enviar os dados, o que resultou em multa de R$ 19,5 milhões determinada pela Justiça — o Facebook recorreu.

Em junho de 2015, Nei contratou novo motorista para buscar um carregamento de cocaína em Corumbá. No entanto, ainda antes de chegar na cidade sul-mato-grossense, o caminhoneiro surtou: parou em um posto da Polícia Rodoviária Federal, desceu do caminhão e foi a passos rápidos em direção aos policiais.

— Tô indo pra Corumbá carregar esse caminhão com cocaína. Estou sendo seguido por uma pessoa que tá tentando me matar.

Depois de ser levado a um posto médico, o motorista foi liberado.

CABEÇA BRANCA

Somente em novembro, dez meses depois da última apreensão, a PF voltaria a apreender novas cargas de Nei: 78,6 quilos em novembro e 101 quilos em dezembro, ambas em Corumbá.

Como é costume em blitze do tipo, os caminhoneiros silenciaram sobre os donos da cocaína apreendida. Menos Jeferson Santini, preso no primeiro flagrante, e a esposa Dalila, que ameaçavam dedurar Nei, caso não recebessem mesada em troca do seu silêncio. A mulher de Nei reagiu com fúria:

— Minha filha, vai lá, denuncia, abre a sua boca, eu te garanto que eu fecho ela em dois tempos, Dalila, não bate de frente comigo, Dalila, eu te garanto, o teu marido é um alvo fácil pra mim lá, então é melhor você ficar na sua, porque senão quem vai sair perdendo é você, eu acabo com você, acabo com ele, pra mim não vai dar nada, eu te garanto.

Nei tratou de pagar a mesada para Dalila, e Jeferson manteve o silêncio. Ele acabaria condenado a oito anos de reclusão por tráfico de drogas.[4]

* * *

A investigação sobre o esquema do empresário Magnus, antigo patrão de Nei, seria bem mais complexa. Havia muitos indícios de que a transportadora MKAG servia apenas para emprestar seus caminhões para o transporte da cocaína e para lavar o dinheiro do tráfico. Embora não tenha declarado renda para a Receita Federal entre 2009 e 2014, a empresa movimentou nesse período R$ 3,3 milhões em suas contas bancárias. "Resta evidente, a não mais poder, que Magnus injetou dinheiro do tráfico de drogas na empresa", escreveu o delegado Elvis Secco.

Diferentemente do outrora funcionário Claudinei e seus asseclas, o grupo de Magnus era disciplinado no uso de circuitos fechados de comunicação. A PF chegou até ele ao interceptar ligações de um funcionário de Lidia Mosquera para um número com DDD 67 que parecia liderar outro esquema de transporte de cocaína — era Magnus. Ao analisar a movimentação do empresário pelas antenas de celular que ele utilizava em seus deslocamentos, notou-se um padrão de viagens no eixo Corumbá—Presidente Prudente—Cubatão (cidade vizinha a Santos), justamente a rota do tráfico de cocaína rumo ao porto paulista. Magnus contava com o auxílio direto de Marcos Duarte e Edson Luiz Borrago.

No final de fevereiro de 2015, Magnus foi para Corumbá atrás de uma nova remessa de cocaína. Mas, na manhã do dia 25, suspeitaram da vigilância de agentes da PF disfarçados, próximo a um dos galpões de Lidia utilizados para carregar os caminhões com cocaína.

— Eu acho que é melhor deixar, fazer um aí. Entendeu? Pra depois resolver isso aí. Só eu ganhei a fita num negócio aqui, tá meio estranho — disse Magnus para um subordinado.

— Como que é? Não entendi. Não entendi, amigo.

— Fui sair da firma aqui. Da firma do rapaz aqui que eu ligo pra ele. A hora que eu saí... eu trombei um carro, né? [...] Esse carro que não tem nada escrito. Aí eu mandei ele [motorista do carro onde Magnus estava] dar uma maneirada, ele parou. Aí demoramos um pouquinho. Aí no outro menino lá tinha outro carro cuidando ele, entendeu? [...] Aí nós chamou ele no coiso, aí ele pegou e falou ó: "Tem um aqui cuidando eu aqui." Eu falei então, rapaz: "Tá aí com você", ele falou, "tá". Que coisa que é, ele passou e falou então: "Tem outro igualzinho aqui." [...] A hora que parou pra mim descer, o cara que nós já tinha visto no semáforo tava um pouco atrás de nós, parado. A hora que eu desci eu fui pro rumo de uma casa assim, aí saiu atrás do carro, de um carro grande, né? [...] Aí ele saiu, só que ele não foi reto. Lá na frente ele foi virou duas quadras, aí eu peguei pro rumo de uma casa lá, fiz de conta que morava ali, tal e aí ele arrodeou, eu achei que tinha ido atrás do menino, né? [...] Daqui a pouco eu trombei ele numa rua, eu peguei uma ruazinha assim, aí eu trombei ele. Eu falei: "não, tem coisa estranha". Aí eu mandei ele voltar pra trás, aí ele tá lá na firma lá, você entendeu?

CABEÇA BRANCA

— Sei, e aí, você quer fazer o quê?

— Eu mandei voltar lá na firma e deixei com o rapaz encarregado lá. [...] O que eu vi aqui é ir e dar errado. [...] Aí é preju pra todo mundo. [...] Depois volta, daqui três, quatro dias, volta. [...] Não adianta, se deixar pra amanhã e for amanhã, vai dar errado.

O cuidado de Magnus foi em vão. Naquele mesmo dia, à tarde, os agentes que faziam a vigilância sobre os alvos invadiram o galpão e apreenderam 1,44 tonelada de cocaína pura, tipo exportação, avaliada em R$ 30 milhões. Na época, foi a terceira maior apreensão da droga da história no Brasil. Edson Borrago e dois bolivianos, um deles cunhado de Lidia Mosquera, foram presos em flagrante. Curiosamente, no dia seguinte Marcos Duarte, subordinado a Magnus, publicou em sua página no Facebook a foto dos tijolos de cocaína apreendidos.

Uma semana depois do flagrante da PF, em 8 de março, Magnus telefonou para um celular com DDD de São Paulo e combinou um encontro no "posto do frango". Era a chance da base Montagu descobrir a identidade dos compradores da cocaína transportada por Magnus. Os agentes intuíram que se tratava de um posto de combustível da rede Frango Assado na rodovia Castello Branco, entre Itu e São Paulo. Se acertaram a marca do posto, erraram na localização: o encontro ocorreu em um Frango Assado na rodovia dos Imigrantes, que liga a capital paulista à Baixada Santista. Foram obtidas imagens do circuito de câmeras do posto, mas por elas não foi possível identificar nem a placa do carro nem a identidade do comprador da cocaína.

Os agentes acreditam que Magnus encontrou-se com o cliente para trocar os telefones do seu circuito fechado de telefonia. Depois daquele dia, a PF teve dificuldade em descobrir os novos números dos celulares utilizados pelo grupo para tratar do transporte da droga. Em uma estratégia que seria bem-sucedida na operação que desarticulou a quadrilha de Cabeça Branca, os agentes pediram à Justiça o histórico das antenas de telefonia utilizadas por celulares "comuns" de Magnus, para contato com a família. Mas a demora das operadoras em enviar os dados inviabilizou o plano. O jeito foi partir para o plano B. Certo dia, Magnus foi almoçar em um restaurante de Presidente Prudente e, sem querer, deixou o carro no estacionamento com uma das portas traseiras aberta. Dois agentes, que já tinham autorização judicial prévia para entrar em veículos do empresário, encontraram no porta-luvas um dos celulares do circuito fechado de Magnus. No entanto, antes de conseguirem anotar os dados do aparelho, um terceiro agente de plantão na porta do restaurante viu o empresário a caminho da saída do restaurante, o que obrigou a equipe a se afastar do carro.

Apesar de tantos cuidados de contravigilância, Magnus abriu um flanco importante para a investigação ao engatar namoro com uma amante. Quando a mulher dele descobriu o caso, telefonou furiosa para a concorrente:

— Passa aí pra esse vagabundo, que é outro traficante, vagabundo do caralho. Passa aí pra ele, anda — gritou a esposa.

— Passo nada, querida, não vem querer estragar...

— [...] Bonito, faça bom proveito, só quero ver a hora que ele estiver na cadeia, se você vai levar comidinha pra ele.

Além da raiva da mulher traída, Magnus enfrentava outro problema: Edson Borrago, preso no flagrante da 1,44 tonelada de cocaína em Corumbá, ameaçava delatar o patrão caso sua família não recebesse uma mesada do empresário. Em setembro de 2015, Magnus recebeu uma ligação de um integrante do PCC na Baixada Santista. O interlocutor pediu para que o empresário desse um de seus caminhões para Borrago — esse último e os bolivianos acabariam condenados por tráfico de drogas:[5]

— Dá uma força pra ele nesse ponto aí, que pelo menos assim o dinheiro vem pra mão dele, entendeu? Já dá uma divisória. Se ele quiser mandar um dinheiro pra família, ele manda, e outro pedaço vem pra ele, entendeu? Que aí já resolve, aí ninguém fica te perturbando e aí ele tira a cadeia dele, pelo menos, cadeia é complicado, cara, cadeia é embaçado o cara tirar, se o cara for tirar sem eira nem beira, aí o cara vira enfermo, vira mendigo, é foda, né. [...] Você tá dando risada na cara de homem, parceiro, não é assim não. O Edson vai te estipular uma data certa procê aí, entendeu? Você vai arrumar esse caminhão pra esse cara aqui, porque senão eu mesmo pessoalmente vou mandar gente ir aí falar com você. Firmão?

Outro insatisfeito com o patrão era Marcos Duarte. Sem receber de Magnus pelo serviço de arregimentar caminhoneiros, ele contatou o delegado da Polícia Civil de Martinópolis e passou a delatar o esquema do empresário:

— Deixa eu falar pra você — disse Duarte. — Fica meio alerta aí que eles vão começar a mexer na carreta, essa semana que eles vão mexer pra levar ela embora.

— Essa daqui? — pergunta o delegado.

— É. E ela tem mesmo o negócio lá escondido, viu.

— Certeza?

— Tem, eu tava conversando aqui ontem com o Leandro [funcionário de Magnus] e eles vão mexer na instalação dela, ajeitar os "trem" dela pra sair de noite por causa do fundo falso. E pelo jeito vai ele e o [Magnus] junto.

Doze dias após essa conversa, no início da manhã do dia 29 de junho de 2016, a PF deflagrou a Operação Quijarro, em referência a uma das cidades bolivianas utilizadas por Lidia Mosquera para armazenar a cocaína destinada ao Brasil. Foram presas doze pessoas, incluindo Claudinei de Jesus e seus parentes, Magnus e Marcos Duarte — os compradores da cocaína transportada pelos dois grupos não foram identificados. Àquela altura, Lidia e o marido já estavam presos em Santa Cruz — eles foram detidos no início de março daquele ano pela PF em Corumbá e entregues à Força Especial de Luta contra o Narcotráfico (Felcn), a polícia antidrogas da Bolívia. Semanas antes, a Felcn havia apreendido 700 quilos de cocaína do casal em Santa Cruz de la Sierra. Ao ser apresentada algemada à imprensa pelos policiais bolivianos, a poderosa *narco* vestia roupas simples: chinelos, bermuda jeans e camiseta escura.

A Justiça sequestrou R$ 35 milhões em bens dos grupos de Lidia/ Claudinei e Magnus. Foram condenados por tráfico internacional de drogas e associação para o tráfico Claudinei (36 anos), José Amâncio (14 anos), Magnus (25 anos) e Marcos (15 anos), pena mantida pelo TRF da 4ª Região.[6] Lidia e Ramiro deixariam a cadeia na Bolívia ainda em 2016. Informalmente, a boliviana disse ao delegado Secco ser uma das grandes fornecedoras de cocaína para Cabeça Branca. Ela e o marido são réus em ação penal na Justiça Federal de Londrina, ainda não julgada em setembro de 2020.[7]

As operações Ferrari e Quijarro deram à base Montagu estofo para missões mais ousadas. Ainda no início de 2016, com a informação dos negócios entre Lidia e Cabeça Branca em mãos, o delegado Elvis Secco procurou o então chefe da CGPRE em Brasília, Cézar Luiz Busto de Souza. Queria montar mais uma operação policial, desta vez para encontrar sua nova nêmese: Luiz Carlos da Rocha, londrinense como ele, tido por muitos na PF como inalcançável.

Em *Moby Dick*, romance clássico de Herman Melville, o taciturno capitão Ahab seduz um grupo de marinheiros para embarcarem no navio Pequod à caça da temível baleia branca Moby Dick, que tempos antes lhe devorara uma das pernas. "Qualquer de vós que me levantar esse cachalote de cabeça branca, com três furos na parte de estibordo da cauda... prestai atenção! Aquele que levantar esse cachalote terá esta onça de ouro!", prometeu Ahab, para delírio dos marujos caçadores de baleias.

O delegado Souza sabia que a única maneira de se chegar ao *capo* seria a partir dos parentes dele no norte do Paraná, onde estava a base Montagu. Por isso, autorizou a operação, batizada de Spectrum — fantasma, em latim. No livro de Melville, Moby Dick vence o duelo com Ahab, destruindo o Pequod e matando toda a tripulação. Já a inexpugnável cabeça branca procurada por Elvis Secco e sua equipe teria um destino diferente.

10

Duas fotos na parede

Na ampla sala da base Montagu, em Londrina, o delegado Elvis Secco contemplava absorto duas fotografias, impressas e fixadas por ele lado a lado na parede, naquela manhã de 19 de fevereiro de 2017. Uma, a clássica imagem de Luiz Carlos da Rocha, datada dos anos 1990, com seus indefectíveis cabelos alvos empertigados, olhos miúdos, lábios muito finos. A outra foto, de 2012, era de um homem de meia-idade, barba e cabelos muito pretos, chamado Vitor Luís de Moraes, nascido em Tocos do Moji (MG), ficha limpa na polícia. No dia anterior, a pedido de Secco, a Polícia Rodoviária Estadual de São Paulo fotografara a CNH de Moraes ao abordá-lo em uma caminhonete na rodovia Anhanguera, em Ribeirão Preto. Calado, o delegado olhava fixamente nas duas figuras. Havia semelhança nos olhos, no nariz e nos lábios, mas Vitor parecia mais jovem do que o traficante. Secco foi até a porta e, em busca de um parecer conjunto, convocou toda a equipe de agentes para a sua sala. Aquelas duas imagens, lado a lado na parede, irradiavam profunda inquietação no grupo: afinal, o mineiro Vitor era de fato Cabeça Branca?

Não seria mesmo fácil capturar um fantasma; identificar e prender um megatraficante que se escondia da polícia havia trinta anos. Como evitar a possibilidade de, mais uma vez, o maior *narco* brasileiro subornar os policiais que o encontrassem e escapulir?

Alguns meses antes, ainda em 2016, quando começou a investigar Cabeça Branca, a primeira medida da base Montagu em Londrina foi compartimentar radicalmente a operação: apenas a equipe da central de inteligência sabia de todos os detalhes da investigação. Além disso, o foco seria a prisão de Cabeça Branca, e não a apreensão dos carregamentos de cocaína que ele movimentava; a equipe sabia que a captura do líder levaria à derrubada de boa parte do seu esquema. Por último, a apuração começou com informantes e vigilância — diferentemente de outras operações antitráfico da PF, na Spectrum a interceptação telefônica ocorreu apenas nas semanas que antecederam a prisão do *capo* paranaense. Pela experiência de operações anteriores, o grupo sabia que o grampo não daria em nada, porque havia tempos os traficantes evitavam falar sobre droga e dinheiro por telefone.

Naquele início de 2016, chamava a atenção dos agentes da Montagu o estilo de vida dos irmãos e dos filhos de Cabeça Branca: muitos deles moravam em condomínios de alto padrão e desfilavam com carros de luxo pelas ruas de Londrina sem possuírem empregos formais nem outra fonte de renda aparente. Um relatório da Receita Federal anexo a uma das ações penais decorrentes da Spectrum mostra que Carlos Roberto da Rocha, o Beto, irmão do traficante, comprou três apartamentos na cidade do norte do Paraná entre abril e agosto de 2016. Nesse período, duas das irmãs dele declararam rendimentos anuais muito abaixo de suas movimentações financeiras.[1]

No início da investigação, a equipe da Montagu era formada por cinco agentes. Seis meses depois, mais três policiais foram integrados à investigação, todos escolhidos a dedo por Secco. O delegado sabia que Cabeça Branca tinha dezenas de policiais, promotores e juízes no bolso. Se algum detalhe da apuração, por mínimo que fosse, chegasse aos ouvidos do traficante, a operação estaria arruinada.

Os agentes contataram três pessoas, ligadas direta ou indiretamente à família Rocha, entre elas a boliviana Lidia Cayola Mosquera, uma das fornecedoras de cocaína para o *capo*, conforme narrado no capítulo anterior. Com base nesses informantes, os policiais passa-

CABEÇA BRANCA

ram a seguir a rotina dos filhos e dos irmãos de Cabeça Branca. A expectativa era de que, em algum momento, eles se encontrassem com o traficante — os policiais já suspeitavam que as feições do rosto dele estivessem modificadas por cirurgias plásticas, sem contar a cor dos cabelos, sua principal marca, agora provavelmente tingidos. Alguns agentes chegaram a embarcar nos mesmos voos que os filhos rumo à Europa e aos Estados Unidos, na expectativa de que eles se encontrassem com o pai ou com compradores de droga no exterior.

Foram quinze voos em seis meses — viajar para destinos caros e cobiçados da Europa era uma constante entre os filhos. Em junho de 2017, dias antes de o pai ser preso, Rafael planejava uma viagem com a mulher, o irmão Bruno e a cunhada para a ilha de Capri, na Itália.

— Deixa eu falar uma coisa, eu tô começando a ver... de fazer as reservas de Capri agora — disse a mulher de Rafael.

— Ahã.

— E... aí que dia que você alugou o barco?

— Dia primeiro.

— [...] E... como que vai ser, você sabe? Tipo, de que horário a que horário? Ele para em algum beach club ou não?

— É livre, tipo, é o dia inteiro, daí você escolhe o lugar que ele para nesses beach clubs na costa ali.

Mas as viagens dos filhos se limitavam a passeios turísticos clássicos, sem contato com estranhos. A equipe também pediu a relação de todos os passageiros desses voos, para saber se algum deles, mesmo com falsa identidade, tinha documentos do Paraguai, Uruguai ou Suriname, países onde Cabeça Branca havia morado. Sem sucesso.

Em junho de 2016, já no curso da Operação Spectrum, um episódio narrado no capítulo 1 mudaria o rumo da investigação: a apreensão de cerca de uma tonelada de cocaína em um galpão de Guarulhos (SP). Entre os três presos em flagrante pela Polícia Civil paulista estava Alexsandro Cabral de Carvalho, filho de Rui Carlos de Carvalho, braço direito de Cabeça Branca no início do século, morto em 2005. Pelos informantes, os policiais souberam que, além da filiação de Alexsandro, ele integrava a equipe logística de Cabeça Branca — posteriormente, uma investigação da Receita Federal concluiu que Alexsandro também era laranja do traficante, tendo gasto R$ 1,3 milhão na compra de oito imóveis em Londrina e Guarulhos, em sociedade com outras três pessoas, entre 2013 e 2016.[2]

Em buscas no Facebook, os agentes constataram que Alexsandro era próximo da família Rocha. O irmão dele, que mora em Londrina, passou a ter os passos vigiados pela PF. Certo dia, ele encontrou-se com Wilson Ramid Roncaratti, que também entrou na lista de alvos a serem seguidos — Ramid também mantinha relações com os Rocha nas redes sociais. Em poucos dias os policiais identificaram o pai de Ramid, Wilson Roncaratti. Ao analisar o trajeto da caminhonete dirigida por ele a partir da rede de câmeras de controle de tráfego instaladas em postos da polícia rodoviária e em pedágios, o Sinivem, verificou-se que Roncaratti passava a maior parte do tempo na estrada, especialmente no trecho São Paulo–Londrina–Ponta Porã–Mato Grosso. Viajava de 4 a 5 mil quilômetros por mês, saindo de São Paulo para Ponta Porã e Paraguai, e depois voltava para São Paulo. A equipe da Montagu suspeitava inicialmente que Roncaratti fosse o motorista de Cabeça Branca, o que logo foi descartado, já que ele viajava sempre sozinho. Cada passo de Roncaratti era vigiado 24 horas por dia por uma equipe de sete agentes, que se revezavam na missão. Quando o alvo ultrapassava a linha de fronteira e entrava em território paraguaio, a equipe aguardava pelo seu retorno a Ponta Porã, o que demorava até uma semana. As idas de Roncaratti coincidiam com períodos em que os filhos mais velhos de Cabeça Branca, Bruno e Rafael, estavam no país vizinho — eles viajavam com frequência de Londrina para o Paraguai. Em uma dessas viagens, a equipe da PF em Londrina solicitou à Polícia Rodoviária Federal que parasse a caminhonete de Roncaratti para fazer uma foto da carteira de habilitação dele — o objetivo era ter todos os dados do alvo.

Na tarde do dia 16 de fevereiro de 2017, Wilson Roncaratti encontrou-se com um homem em um shopping às margens da rodovia

CABEÇA BRANCA

Raposo Tavares, já na Grande São Paulo, e de lá seguiram até uma casa assobradada de tons ocres na avenida Henrique Broseghini, bairro Parque dos Príncipes, em Osasco (SP). Embora não fosse um condomínio fechado, as ruas do bairro eram vigiadas por câmeras e por motoqueiros armados. Na primeira vez que passaram em frente à casa, os agentes fotografaram o imóvel. Quando foram passar pelo local uma segunda vez, mesmo estando em carro descaracterizado, foram abordados pelos vigilantes e precisaram abandonar o local.

Elvis Secco tentou alugar uma casa quase em frente por R$ 5 mil mensais, mas o dinheiro requisitado à Polícia Federal em Brasília nunca chegou. As equipes então ficavam hospedadas em um hotel nas proximidades e, duas vezes por dia, passavam em frente ao imóvel, cada vez com um carro "frio" diferente para não chamar a atenção — foram utilizados quinze automóveis, a maioria apreendidos em outras operações da PF. O objetivo era saber quem frequentava o imóvel e registrar as placas dos veículos que estacionavam na garagem ou em frente à casa. Um dos automóveis era um Volkswagen Jetta prata, em nome de Maria Aparecida da Rocha Araújo, irmã de Cabeça Branca. Nesse momento, a equipe de agentes teve a certeza de que o traficante frequentava o endereço. Mas invadir o imóvel estava fora de cogitação. Isso só ocorreria quando os policiais estivessem frente a frente com o traficante fantasma na casa, o que nunca ocorreu.

Foram duas semanas de vigilância no endereço. Nesse período, os agentes amealharam uma extensa relação de veículos que frequentavam a casa. Ao analisar o trajeto desses veículos no Sinivem, chamou a atenção dos agentes uma caminhonete Toyota Hilux, que constantemente rodava no trecho entre Osasco e Sorriso (MT). Na manhã do dia 18 de fevereiro, a caminhonete saiu da casa na avenida Henrique Broseghini, foi até São Paulo e entrou na rodovia dos Bandeirantes, rumo ao interior. Quando o veículo acessou a rodovia Anhanguera, rumo ao norte paulista, a equipe da base Montagu contatou a Polícia Rodoviária Estadual em Ribeirão Preto para que abordasse a caminhonete, simulando um patrulhamento de rotina, e fotografasse a CNH do motorista. Minutos depois a imagem estava diante do delegado Secco na base Montagu, em Londrina.

Depois de debater com os agentes as semelhanças e diferenças entre as imagens de Luiz Carlos da Rocha e Vitor Luís de Moraes, o delegado decidiu enviar três imagens ao Instituto Nacional de Criminalística, ligado à Polícia Federal em Brasília — além das fotos de Cabeça Branca e da CNH de Moraes, havia outra imagem desse último datada de 2006, que constava dos arquivos do Detran de São Paulo, em que o mineiro já exibia cabelos negros, mas não tinha barba. Sem detalhar a investigação nem identificar Moraes e Cabeça Branca, Secco perguntou ao Instituto Nacional de Criminalística (INC) se se tratava da mesma pessoa. Os peritos puseram as três fotos na mesma escala de tamanho para que a distância entre as pupilas ficassem iguais nas três imagens. Em um primeiro momento, foi constatada "coincidência no formato da face e da morfologia geral de boa parte das estruturas, como nariz, boca e olhos". Em seguida, criou-se a partir da imagem de Moraes, de 2006, uma máscara com o desenho dos contornos do rosto (lábios, sobrancelhas, nariz etc.). Essa máscara foi sobreposta às fotos de Cabeça Branca e à imagem mais atual de Moraes. Exceto por pequenos detalhes nas pálpebras, motivadas por cirurgias plásticas, e pela retirada de uma pinta no queixo, houve convergência no formato dos olhos, do nariz, da testa e das orelhas. "Os resultados dos exames corroboram muito fortemente as hipóteses de que as faces [...] pertencem ao mesmo indivíduo", concluíram os peritos, em laudo de 10 de abril de 2017.

Vitor, portanto, era Cabeça Branca.

Com a identificação do traficante, o desafio seria entrar nos circuitos fechados de telefonia que certamente ele utilizava. O primeiro passo era descobrir um dos números do circuito — os agentes sabiam que bastava acesso a um aparelho para quebrar vários outros circuitos intercalados. Quando, certo dia, Wilson Roncaratti viajou de avião até Sinop (MT), Elvis Secco solicitou a agentes da cidade de Mato Grosso que acompanhassem o alvo assim que ele descesse do avião e anotassem a hora exata em que utilizasse o aparelho celular. A equipe identificou a antena ativada naquele instante pelo telefone de Roncaratti, perto do aeroporto de Sinop. A próxima etapa seria solicitar à Justiça a relação de telefones que utilizaram aquela antena naquele horário, com uma margem de erro de três minutos, para mais ou para menos.

Para isso, seria necessário judicializar a operação. Elvis Secco foi a Curitiba para uma reunião com o juiz Nivaldo Brunoni, titular da 23ª Vara Federal Criminal da capital paranaense, sorteada para cuidar do inquérito. Brunoni, ex-promotor de Justiça, era próximo do então juiz Sergio Moro e atuou em alguns processos judiciais da Lava Jato — foi dele a ordem de prisão contra o ex-presidente Lula, em abril de 2018. O delegado detalhou todo o histórico da investigação contra Cabeça Branca na base Montagu e solicitou ao juiz a relação das ligações telefônicas feitas da antena em Sinop, naquele dia e horário em que foi utilizada por Roncaratti. Em um primeiro momento, Brunoni considerou o pedido estranho — investigações antitráfico costumam apreender cargas de droga para só depois prender o alvo principal —, mas, após reunião com os servidores da 23ª Vara, decidiu dar um voto de confiança ao delegado e concedeu o pedido.

As operadoras de telefonia entregaram à base Montagu um relatório com mil ligações feitas daquela antena de Sinop, naquele horário. Nos dias que se seguiram, os agentes da base que monitoravam Roncaratti em suas viagens de caminhonete anotaram os horários em que ele utilizava o celular e pediam a relação de telefonemas, com a mesma margem de erro de três minutos. Por fim, a equipe possuía um gigantesco banco de dados com os telefones utilizados em cada local. Em um trabalho minucioso, os policiais cruzaram os registros de celular de cada planilha em busca de números coincidentes. Encontraram quatro, inicialmente. Três deles foram descartados por estarem inativos. Sobrou um: era o circuito fechado de Roncaratti. Elvis Secco solicitou ao juiz Brunoni a interceptação daquele telefone. Roncaratti conversava muito com um homem que o chamava sempre de "Bichão": era Cabeça Branca.

Nos primeiros dias de maio daquele ano, os agentes da PF que estavam seguindo a caminhonete de Roncaratti viram quando, em Pinheiros, Rafael Pigozzo Rocha, filho do traficante, entrou pela porta de passageiros do veículo. A equipe da Montagu tentou seguir a caminhonete, mas a perdeu no caótico trânsito paulistano. Como os policiais sabiam que o grupo de Cabeça Branca gostava de se reunir em shoppings, a PF encaminhou ofício aos estabelecimentos do tipo na região perguntando se aquele veículo havia estado em algum deles. Dias depois, o Shopping Iguatemi informou que a caminhonete de Roncaratti havia ingressado no estacionamento às 14 horas do dia 5. Os agentes correram até o shopping e pediram acesso ao circuito de câmeras. Logo na da cancela do estacionamento foi possível ver Roncaratti ao lado de Rafael na caminhonete. Os dois entraram no shopping e foram a um restaurante.

Exatamente cinquenta minutos depois, as câmeras do estacionamento mostraram a chegada, em outra caminhonete, de um homem de cabelos e barba escuros, com um bebê no colo, ao lado de sua mulher, uma morena de estatura mediana, e da babá. Os agentes não tiveram dúvida: tratava-se de Vitor Luís, ou melhor, Cabeça Branca, com a mulher, Fernanda. Era a primeira imagem em movimento que a PF tinha do traficante em muitos anos. Os quatro entraram no elevador e se dirigiram para o mesmo restaurante onde já estavam Roncaratti e Rafael. Às 16h07 todos saíram do local — Rafael carregava o irmão caçula no colo. Roncaratti deixou a chave da caminhonete com Rafael e foi embora de táxi.

Já no início da noite, Cabeça Branca acompanhou Fernanda, o filho e a babá até a saída do shopping, onde o trio entrou em um táxi. O traficante retornou ao Iguatemi, onde a câmera de um dos elevadores captou sua imagem ao lado de dois homens. Os três foram até uma mesa na praça de alimentação e conversaram até as 20h50, quando saíram juntos e entraram na caminhonete de Cabeça Branca. Meses mais tarde, os agentes identificariam a dupla que se encontrou com o traficante: eram Alessandro Rogério de Aguiar, o

CABEÇA BRANCA

Ursinho, e Marcelo Gregolin Anacleto, o Garotão, responsáveis por parte da logística do transporte e exportação de cocaína do *capo* paranaense, retratados no capítulo 1.

* * *

A partir do sistema de comunicação fechado de Cabeça Branca com Roncaratti, os agentes chegaram a outro circuito, mantido entre o *capo* e a família Marques, radicada na capital paulista. Analisando as antenas de celular por onde o telefone de um deles, Douglas Sedivalter Marques, passou desde janeiro daquele ano, constatou-se o uso intenso do celular no trecho entre São Paulo e Mato Grosso, que coincidiam com a rota do caminhão que ele dirigia. A conclusão era óbvia: Douglas Marques, seus irmãos Diego, Daniel e Herik, além do pai José Sedivalter, eram os responsáveis pelo transporte da droga do *capo* em caminhões do norte de Mato Grosso até o estado de São Paulo — os Marques mantinham contato em rede social com pelo menos duas irmãs de Cabeça Branca.

No intervalo de 45 dias, os agentes fizeram o acompanhamento de seis carretas carregadas com um total de 4,2 toneladas de cocaína na rota Mato Grosso–São Paulo, sem apreender a droga — o objetivo da ação autorizada pela Justiça, denominada ação controlada, era entender em detalhes a logística de Cabeça Branca. Em uma dessas vigilâncias, na segunda semana de maio de 2017, os policiais seguiram a carreta desde Sinop (MT) até um galpão em Araraquara (SP), onde o veículo, provavelmente recheado com cocaína, foi descarregado; o local servia de entreposto para a máfia sérvia, conforme narrado no capítulo 1. Douglas recebia ordens frequentes de um interlocutor que se revezava entre três celulares diferentes. Em todas as conversas, o interlocutor utilizava o sinal de uma antena próxima à avenida Henrique Broseghini, em Osasco. A equipe da base Montagu não teve dúvidas de que era Cabeça Branca.

Aqui, um parêntese. Não é comum um traficante do tamanho do paranaense contatar diretamente seus motoristas, que têm contato direto com a droga e, portanto, são muito mais vulneráveis à prisão em flagrante. Mas os agentes acreditam que as prisões de Alexsandro Cabral de Carvalho e Robson de Oliveira Silva em Guarulhos tenha desfalcado o esquema de Cabeça Branca, e ele próprio tenha assumido temporariamente funções que antes pertenciam à dupla.

— E aí rapaz?, perguntou o *capo* para Douglas, no fim de maio de 2017.

— Beleza? — respondeu o caminhoneiro.

— Beleza. E você?

— Eu tô rodando, não cheguei ainda. — Douglas estava em Fronteira (MG) a caminho da região metropolitana de São Paulo.

— Caralho, que está acontecendo? Que tanto demora assim?

— Faltando 100 quilômetros. É só amanhã, hoje ninguém mexe mais não.

— Mas amanhã você acha que está liberado?

— Até meio-dia eu acho que sim.

— Tá bom então. Então tá bom então. Você me liga amanhã para falar aonde você vai, se no novo ou no antigo, tá?

Na tarde do dia seguinte, Cabeça Branca voltou a telefonar para Douglas:

— Liberaram eu agora — disse o motorista.

— Tá bom. Quanto [ininteligível] demora pra chegar?

— Faltam 250 quilômetros ainda. — Douglas estava em São Carlos (SP).

— Puta que pariu.

— Vou chegar tarde.

— [...] Tá bom, vem embora, meu amigo, vê que hora que cê chega aqui e me avisa. Dependendo do horário, só amanhã cedinho, a gente resolve isso, tá? [...] Até mais, fica com Deus. Deus te acompanhe, tchau.

À noite, Douglas telefonou para o patrão e disse que acabara de chegar. A antena utilizada pelo seu celular ficava em Embu das Artes, na Grande São Paulo.

CABEÇA BRANCA

— Chegou meio tarde, mas vamos amanhã cedo né, o que você acha? — perguntou Cabeça Branca. — Que horas você quer ir pra lá? — Para a PF, o traficante perguntou o horário em que Douglas iria descarregar a cocaína no galpão de Embu das Artes.

— Ah, é só falar o horário que eu vou.

— Você que fala o horário, só avisa o menino lá.

— De manhã.

— [...] Então oito horas lá no antigo, tá, no velho, tá.

— Tá bom.

Em pouco tempo, os policiais descobriram um terceiro galpão do esquema, em Cotia, também na Grande São Paulo. Dois dos três endereços eram de difícil vigilância — enquanto o barracão de Araraquara ficava em um bairro residencial, em que qualquer veículo estranho seria facilmente notado, o outro, em Cotia, estava em uma rua vazia e sem saída.

Cabeça Branca utilizava o termo "pagamento" para se referir à droga estocada que deveria ser vendida.

— Já faz, é... pagamento de duzentos. É dois pagamentos de duzentos [que] vai fazer. Tá? — diz Cabeça Branca. Para a PF, eram 200 quilos de cocaína.

— Tá bom, diminuir então? Tá beleza — respondeu o funcionário responsável pelo galpão de Cotia.

— Dois de duzentos redondo, tá?

— Tá bom, então.

O patrão pediu para que o funcionário dispensasse pessoas estranhas ao esquema que trabalhavam naquele dia no barracão:

— Eu tô dizendo, quando se tiver alguma coisa pra fazer, você já deixa tudo organizado, cê já fala com o pessoal, já manda o pessoal pro outro lado, dispensa o pessoal.

— Eu vou dispensar, eu tô dando um jeito aqui, só tava esperando cê ligar pra ter certeza, a hora que vai ser, senão, dependendo, se for de tarde, dá pra fazer tudo certinho.

Em meados de junho de 2017, Cabeça Branca pediu para o funcionário entregar uma "foto" para um possível comprador — seria uma amostra de cocaína.

— Eu preciso que você leve uma foto para um rapaz aí pra mim.

O *capo* ordenou que o rapaz se encontrasse com o cliente em um café de São Paulo. Mas, minutos depois, mudou de ideia e citou outro endereço, em código:

— Acho que eu vou mudar, falar pra você levar [...] naquele lugarzinho de sempre, ali onde você leva pra ele.

— Beleza. Pode ser.

— Ali no três mesmo ou você prefere no um?

— No três. Pode ser no três.

Os números, acreditam os agentes, indicavam os galpões do esquema. Três, no caso, era o endereço em Cotia.

* * *

Tudo se desenhava para que a prisão de Cabeça Branca ocorresse em São Paulo. No dia 9 de junho de 2017, ele se encontrou com o seu irmão Beto no bairro de Perdizes. Mas, quatro dias depois, viajou para Sorriso (MT), conforme indicavam as antenas dos celulares que ele utilizava. Seis dias mais tarde, o patrão mandou Douglas ir para Mato Grosso na segunda-feira, dia 12:

— Se organiza pra sair segunda-feira, tá?

— Ah, tá bom — respondeu Douglas.

— [...] Eu vou deixar um dinheiro com o rapaz, o rapaz leva pra você aí, tá?

— Beleza.

— Dinheiro pra viagem, tá?

— Tá bom.

No dia 12, os irmãos Diego e Douglas, cada um com um caminhão, rumaram para Mato Grosso, conforme indicava aos policiais o sistema de monitoramento nas rodovias. A equipe da base Montagu estava certa de que a dupla ia levar mais cocaína para os galpões no estado de São Paulo.

Cinco dias depois, quando os irmãos estavam em Cuiabá, Cabeça Branca telefonou para Douglas e disse que o carregamento no norte do estado atrasaria alguns dias. Para a PF, o *capo* viajara até Sorriso para cuidar pessoalmente dos detalhes do envio do carregamento de cocaína. A droga, de origem colombiana, chegou a Mato Grosso vinda de pistas clandestinas no sul da Venezuela — foram pelo menos duas viagens feitas pelo bimotor Navajo de João Soares Rocha, com capacidade para transportar até uma tonelada de cocaína, conforme narrado no capítulo 8.

— Deu uma atrasada, deu uma enrolada, fica por aí por enquanto, vai enrolar um pouquinho [...] lá pelo meio da semana que vem, tá?

— Tá beleza. [...] Aí eu... cê sabe mais ou menos pra onde vai?

— Vai ser lá na mulher mesmo, acho que vai ser, tá?

— Tá, eu vou subir pra lá então.

Para os agentes, "mulher" era o município de Cláudia, a 170 quilômetros de Sorriso.

Cabeça Branca chegou a acompanhar, de longe, o motorista Diego estacionar o caminhão em um posto de combustível de Nova Mutum (MT):

— Ontem eu vi a hora... eu tava aí, eu tava na cidade. Eu vi a hora que você encostou logo depois do almoço, aí onde cê encostou ontem à tarde.

— É mesmo?

— É, eu vi. Você passou e encostou lá no fundo né?

— Sim.

— Então, eu tava aí, eu ia falar com você, mas depois achei melhor não falar, que eu tava com a família. [...] Deu uma enroladinha, vai ficar pra final de semana, tá?

— Ah, é?

— Tá bom? E vai ser... eu acho que vai ser lá... não vai ser na mulher [Cláudia], vai mudar, vai ser no outro ali, tá?

— No último que eu fiz, ou aquele mais pra frente?

— Não, não, aquele último [ininteligível], aí onde que cê falou que ia ficar na entrada que dá pra ir daí também. — Cabeça Branca evitava dizer o nome da cidade no telefone.

— Ah, entendi.

— Outra coisa, eu fiquei meio cabreiro também... não tem nada a ver não, mas é bom cê dá uma olhadinha, uma cuidadazinha aí, eu vi um automóvel, uma Mercedes preta, placa de Cuiabá, meio estranha aí, parada aí, e dois caras dentro... um moreno... entendeu?

— Certo, vou ficar esperto. — Por sorte da PF, não era o veículo em que os agentes estavam naquele dia em Nova Mutum, seguindo os passos do caminhoneiro Diego.

— Não tem problema atrasar um dia... dois dias, não tem problema não. O importante é a gente estar seguro das coisas — disse Cabeça Branca.

O combinado era que os dois caminhões seriam carregados na segunda-feira, dia 26, em Campo Novo do Parecis. Mas houve um atraso e o carregamento da carreta de Diego só ocorreu no dia seguinte; o de Douglas ficou para a quarta-feira, conforme ordem de Cabeça Branca:

— Amanhã já vou, acho que vou te autorizar para você ir lá pro destino, tá?

— Tá bom.

Enquanto Douglas e Diego rumavam para o norte mato-grossense, o irmão deles, Daniel Henrique Marques, se encontrava com Wilson Roncaratti no Shopping Butantã, em São Paulo, para receber R$ 75 mil, parte do pagamento pelo novo frete dos Marques no trecho Mato Grosso–São Paulo, conforme o próprio Cabeça Branca adiantara a Daniel por telefone:

— Eu vou mandar 75 [R$ 75 mil], é... 25 [R$ 25 mil] do... Tarta [Tartaruga, apelido de Douglas], 25 do seu e 25 do outro, tá?

— Tudo bem.

CABEÇA BRANCA

Depois de se encontrarem em um café dentro do shopping, ambos foram até a caminhonete de Roncaratti no estacionamento, onde o gerente do *capo* retirou um pacote com dinheiro e entregou a Daniel.

O plano do delegado Secco era prender Cabeça Branca assim que os caminhões iniciassem a viagem de volta a São Paulo, carregados com cocaína. Já no início de junho Secco tinha em mãos mandados de prisão e de busca e apreensão para todos os endereços possíveis dos alvos, incluindo a casa de Osasco onde o delegado acreditava que Cabeça Branca estivesse quando a droga se aproximasse da capital paulista. Mas o *capo* decidiu ficar em uma fazenda próxima de Sorriso para, no início da semana seguinte, renovar a sua CNH, que havia vencido recentemente, conforme diálogo dele com um despachante:

— É Vitor [quem fala], é aquela carteira minha que você está vendo em Colíder, lembra? — disse Cabeça Branca. Colíder é próxima de Sorriso.

— Ah, tá — respondeu o despachante.

O diálogo data de 30 de junho, uma sexta-feira, perto das 13 horas. Cabeça Branca combinou de se encontrar com o despachante na manhã de segunda-feira. Seriam as últimas horas de liberdade do *capo* paranaense.

* * *

Naquele dia 30, os dois caminhões já estavam a caminho de São Paulo, carregados com cocaína. Elvis Secco tomou então a decisão de prender Cabeça Branca em Mato Grosso. Dos oito policiais da equipe, enviou seis para Sorriso e dois para São Paulo. Na retaguarda, uma equipe de 150 agentes estava de prontidão para a fase ostensiva da operação, quando se cumpririam os mandados judiciais. Exceto os oito policiais da Montagu, nenhum deles sabia quem eram os alvos, uma medida de segurança para evitar vazamento de informação.

A equipe de policiais corria contra o tempo para resolver um problema grave: só se sabia a região de Sorriso onde Cabeça Branca morava devido à antena de celular que ele mais utilizava na cidade, mas não se conhecia o endereço exato. Por sorte, desde o dia anterior a PF interceptava o telefone de Fernanda, a mulher de Cabeça Branca. Naquela tarde do dia 30, o filho mais novo do casal ficou doente e a mãe disse em uma ligação que o levaria para ser atendido em algum hospital ou posto de saúde de Sorriso. Era a chance de os policiais obterem o endereço do traficante. Como ela não disse em qual hospital seria, os agentes percorreram todas as unidades de saúde da cidade procurando fichas de crianças cuja mãe se chamasse Fernanda. Encontraram. A casa de Cabeça Branca ficava na rua Santa Bárbara, bairro Vila Romana. Mas ele estava em uma de suas fazendas.

Em Curitiba havia vinte dias, Elvis Secco coordenava as equipes — na capital paranaense a estrutura de trabalho era mais adequada e ele teria mais facilidade de comunicação com o procurador do Ministério Público Federal Daniel Holzmann Coimbra, que atuava na operação, e com o juiz do caso, Nivaldo Brunoni. Na manhã daquela sexta-feira, 30, o delegado contatou o superintendente da Polícia Federal em Cuiabá e solicitou com urgência quatro policiais para Sorriso. Foi atendido. A ideia era manter a equipe de prontidão na cidade até a noite de domingo — se até lá Cabeça Branca não aparecesse em casa, a ideia era prendê-lo no despachante em Colíder, na segunda-feira, onde ele renovaria a sua CNH.

Às 3 horas da madrugada do dia 1º, sábado, dois agentes em um carro frio estacionado na Vila Romana, próximo à casa do traficante, viram a caminhonete Ford Ranger do *capo* entrando na casa. Havia alguma chance, ainda que mínima, de ser a mulher dele, mas o delegado decidiu arriscar: a Spectrum seria deflagrada no dia seguinte, mas só a partir do instante em que os agentes vissem Cabeça Branca — nada de invadir a casa e correr o risco de vê-lo fugir. Secco não dormiu naquela madrugada, a adrenalina a mil. Afinal, qualquer mínimo deslize e todo o trabalho de um ano e meio seria em vão.

No fim da manhã daquele sábado, às 11h30, os mesmos agentes que viram a caminhonete entrar na casa pela madrugada perceberam o veículo saindo da garagem. Os policiais seguiram a Ford Ranger a uma certa distância até uma das padarias da cidade, onde a caminhonete parou. Quando os policiais viram um homem de barba e cabelos negros descendo do veículo, tiveram a certeza de que estavam diante do fantasma Cabeça Branca. Ele acabaria facilmente rendido dentro da padaria.

Os agentes, eufóricos, telefonaram para o delegado:

— Pegamos o Cabeça Branca, doutor! Tamo com ele!

Elvis Secco vibrava. Imediatamente determinou que os 150 policiais cumprissem os nove mandados de busca e apreensão nos endereços ligados ao traficante. Na casa de Cabeça Branca em Osasco, a PF encontrou duas malas de viagem abarrotadas com US$ 3,4 milhões, além de joias, uma coleção de relógios Rolex — um dos quais custava R$ 50 mil — e outra de vinhos caros — uma das garrafas, da marca francesa Château Petrus, cujas uvas só são colhidas à tarde para evitar que se misturem com a água do orvalho da manhã, foi avaliada em R$ 15 mil. No apartamento onde Roncaratti morava em São Paulo, registrado em nome de um cunhado de Cabeça Branca, os agentes apreenderam mais US$ 1 milhão em espécie — o gerente financeiro do esquema também seria preso em Londrina naquele dia 1° de julho.

Os policiais já esperavam encontrar muito dinheiro em espécie nos endereços de Cabeça Branca. Conversa dos funcionários da casa do traficante em Osasco captadas pela PF indicava que o traficante costumava guardar grandes somas em casa:

— O meu patrão deixou um "bolo" lá hoje que eu nem te conto — disse uma das funcionárias.

— Hã?

— Deixou um bolo de dinheiro, minha filha.

— Eita. Ia precisar, né.

— Eu nem toquei, passei longe.

Entre os itens apreendidos estavam onze veículos, um telefone satelital, à prova de grampos, e cinquenta celulares utilizados por Cabeça Branca para criar sistemas de comunicação em circuito fechado — cada um possuía adesivo com o nome e o número de quem ele deveria contatar naquele aparelho. A análise do conteúdo das conversas mantidas nesses aparelhos por aplicativos como o WhatsApp levaria os policiais a desvendar boa parte dos esquemas mantidos pelo *capo* nos últimos cinco anos. No galpão de Cotia, foram apreendidos 170 quilos de cocaína; no barracão em Araraquara os agentes encontraram grandes pallets de granito que ocultariam cargas da droga para exportação, em esquema da máfia sérvia descrito no capítulo 1.

Faltava flagrar os dois caminhões, dirigidos pelos irmãos Marques, recheados com cocaína. Às 13 horas do dia 1º, dois agentes abordaram o veículo de Diego Ian Marques próximo a um posto de combustível em Alto Garças (MT). No fundo falso da carreta carregada com milho, os policiais encontraram 638 quilos de cocaína em tijolos com o símbolo do West Ham, time de futebol em Londres. Mas havia o segundo caminhão, conduzido por Douglas. A suspeita é de que o veículo estivesse em Campo Novo do Parecis (MT), mas nada foi encontrado na cidade. Na manhã do dia seguinte, 2, os agentes seguiram rumo a Cuiabá, para onde acreditavam que a carreta seguiria. O caminhão foi localizado à tarde no meio do caminho — o estacionamento de um posto de combustível em Nova Mutum. No fundo falso da carreta vazia, havia 620 quilos de cocaína em tijolos com símbolos de um cavalo ou de uma tulipa. Parte da droga estava em forma de pasta base, que não é exportada — para a PF, o quinhão seria vendido a facções criminosas no Brasil. Os dois flagrantes renderiam a Diego uma pena de dezessete anos de prisão por tráfico e lavagem de dinheiro, e ao irmão Douglas, dezenove anos de reclusão por tráfico, associação para o tráfico de drogas e lavagem de dinheiro;[3] o irmão Daniel, a três anos e sete meses de prisão por participação em organização criminosa.[4] O pai, José Sedivalter, e Herik não foram denunciados à Justiça pelo Ministério Público.

CABEÇA BRANCA

Enquanto o caminhoneiro Douglas era preso em flagrante em Mato Grosso, na capital paranaense o capitão Ahab ficava frente a frente, pela primeira vez, com sua Moby Dick. Mas, diferentemente da violenta e vingativa baleia branca da ficção, diante do delegado Secco, Luiz Carlos da Rocha tinha o semblante calmo, apesar do abatimento.

— Eu esperava ser preso um dia, mas não nessa fase da minha vida. Eu devia ter saído do país. Como é que vocês me pegaram, doutor? Me diga: o que eu fiz de errado?

— Você não errou. Nós chegamos até você pela sua família. Sabíamos que você mantinha algum contato com seus filhos, irmãos e mãe. Por eles chegamos ao Wilson Roncaratti, que nos levou até você.

— Eu sabia que aquele velho filho da puta deixaria rastro.

Epílogo

Atrás das grades

A prisão de Cabeça Branca deixou a família Rocha aflita. Embora o *capo* tenha sido o único preso do clã, os seus três filhos mais velhos temiam acabar atrás das grades como o pai. Na época, Luiza, a única filha do traficante, cursava direito na PUC de Londrina, onde conhecera Gabriel Barioni de Alcântara e Silva, estudante no mesmo curso e estagiário na 8ª Vara Federal da cidade. Começaram a namorar. Ao saber da prisão do pai em Mato Grosso, ainda na tarde do dia 1º ela pediu a Silva a senha dele como servidor da Justiça para acessar o inquérito contra Cabeça Branca, digitalizado, que naquele dia ainda tramitava em segredo de Justiça, sem acesso até mesmo para os advogados dos investigados. Imediatamente Luiza repassou a senha para os irmãos Bruno e Rafael, além dos advogados do pai, Fábio Ricardo Mendes Figueiredo e Carlos Rafael Cavalheiro de Lima. Além de fornecer a senha, Silva ajudou os Rocha a entrar no sistema on-line da Justiça Federal do Paraná. À PF, a jovem disse que pediu a senha para o namorado "em momento de desespero, [...] para que pudesse entender o que estava ocorrendo com o seu pai".

Já em 1º de julho, a senha foi utilizada por Bruno em um hotel de Londrina. Na tarde do dia seguinte, 2, um domingo, Luiza enviou para o advogado Figueiredo parte do inquérito contra o pai — àquela altura ele ainda não possuía senha própria para acessar os processos da Spectrum.

"Agradeço pelo seu empenho, seu auxílio ontem foi fundamental / Pois como bem sabe, esses processos necessitam de senha / A de ontem foi valiosa", escreveu o advogado para a filha de Cabeça Branca no WhatsApp. O aparelho foi entregue espontaneamente por ela à PF.

"Oi dr! Que bom que consegui ajudar de alguma forma."

"Gostei do seu namorado / Parece q também poderá ajudar / Ele integra o Judiciário."

"Que bom dr. Ele é muito inteligente / Está lendo os pareceres comigo."

Luiza também trocava constantemente informações sobre o inquérito com seu irmão Rafael.

"Olha o do veio", sugeriu o irmão, referindo-se à ação penal contra Wilson Roncaratti. "Pq lá que sai coisa nossa."

"Pediram a restituição da Mercedes / É pq o juiz liberou a venda antecipada desses bens."

Quando a irmã enviou a ele informações dos processos a respeito dos objetos apreendidos na Spectrum, Rafael lamentou: "Minhas alma." Dias depois, o irmão enviou um áudio para Luiza: "Ô Lu, faz um favor, manda um WhatsApp ou pro Luan ou pro Kauê ou pro tio Beto [Carlos Roberto da Rocha, irmão de Cabeça Branca] mesmo, fala que saiu um monte de decisão sobre os bens deles, pra ele dar uma analisada nisso, pra ele falar com o advogado dele e pra ele ficar meio esperto, tá? Tchau e vê se tem alguma coisa a mais."

No dia 20 de novembro de 2017, Gabriel Silva foi preso temporariamente por cinco dias — ele havia deixado o estágio na Justiça Federal de Londrina dois meses antes. O então estudante, os filhos de Cabeça Branca e os dois advogados foram denunciados pelo Ministério Público Federal por violação de sigilo funcional; exceto o ex-estagiário, os demais também respondem na Justiça por formação de quadrilha. A ação penal não havia sido julgada em setembro de 2020.[1]

* * *

CABEÇA BRANCA

A prisão de Cabeça Branca foi assunto na mídia no Brasil e no exterior, com destaque nos principais portais de notícia da internet, como BBC, Al Jazeera, *El País*, *Le Monde*, *The Independent* e *The Sun*. Dois dias após a deflagração da Spectrum, o despachante que iria renovar a CNH do traficante em Colíder, Mato Grosso, recebeu um telefonema de uma mulher não identificada pela PF:

— Você não assistiu o jornal ontem, não? — perguntou a interlocutora.

— Nacional?

— É.

— Não.

— Ah, meu! Tu perdeu então.

— Que que deu?

— O velho que fez a carteira lá com você, não tem?

— Nem bateu a foto ainda.

— Foi pegado em Sinop, tá?

— O velho?

— Lembra dum tal "Cabeça Branca" que passava no jornal? Perigoso?

— Ah, sim.

— Ele fez três plásticas e é esse velho.

— Esse aí?

— Sim, foi pego, homem.

— Ah. Eita, a carta dele nem vai pra frente. Não vai bater.

O despachante não se dera conta de que nunca mais veria o seu cliente...

O sucesso da Spectrum deu notoriedade ao delegado responsável pela Spectrum e à equipe de agentes da Montagu, em Londrina. Após um breve período na base do DEA no Texas, Estados Unidos, Elvis Secco assumiu o comando da Coordenação Geral de Prevenção e Repressão a Entorpecentes (CGPRE) em Brasília, onde buscou pôr em prática a teoria de que o trabalho policial deve focar o patrimônio financeiro do grande narcotraficante, e não somente na apreensão de carregamentos de droga. A chefia da Montagu ficou com Roberto Biasoli, delegado vindo da Superintendência da PF em Curitiba, com passagem pelo Departamento de Recuperação de Ativos e Cooperação Jurídica Internacional. Biasoli coordenou duas fases da Spectrum, deflagradas a partir do material apreendido nos endereços de Cabeça Branca naquele 1º de julho de 2017: Efeito Dominó e Sem Saída, narradas neste livro. Dos seis agentes da base que participaram da Spectrum, quatro permanecem por lá — por questão de segurança e para preservar futuras investigações, seus nomes não podem ser divulgados.

Desde que foi preso, Cabeça Branca já passou por três presídios federais: Catanduvas (PR), Mossoró (RN) e Brasília. Em todos eles, fica a maior parte do tempo em uma cela individual de seis metros quadrados, com direito a duas horas de banho de sol. As roupas sofisticadas deram lugar ao uniforme azul-claro do presídio, com o anódino termo "interno" escrito no peito. Desde o início de 2019, ele recebe visitas apenas pelo parlatório, em que o preso é separado do interlocutor por um vidro espesso e se comunica por um interfone; a medida foi adotada pelo Ministério da Justiça em todo o sistema penitenciário federal para evitar a transmissão de bilhetes, por exemplo.

Cabeça Branca responde a seis ações penais decorrentes da Spectrum, acusado dos crimes de tráfico internacional de drogas, associação para o tráfico, participação em organização criminosa e lavagem de dinheiro.[2] Até setembro de 2020, em quatro desses processos, havia sido condenado a uma pena somada de 59 anos de prisão. "Trata-se de pessoa que se dedica ao tráfico de entorpecentes há várias décadas, chegando a realizar várias plásticas para alterar a fisionomia e não ser localizado. Ao longo dos anos montou uma poderosa estrutura voltada à prática do tráfico ilícito de entorpecentes, que lhe permitia remeter grandes quantidades de droga para o exterior e usufruir, como se empresário fosse, o dinheiro ilícito. Teve, portanto, tempo mais do que suficiente para refletir e recuar das práticas ilícitas. Em vez disso, empreendeu considerável energia

CABEÇA BRANCA

em prol de suas atividades criminosas", escreveu o juiz Brunoni em uma das sentenças.

Somada às condenações decorrentes das operações Fronteira e Caravelas, a pena de Cabeça Branca alcança 91 anos de reclusão. Wilson Roncaratti tornou-se réu em três ações, tendo sido condenado a vinte anos de cadeia por tráfico, associação para o tráfico, crime contra o sistema financeiro nacional e lavagem de dinheiro. O gerente de Cabeça Branca morreria na cadeia, no início de fevereiro de 2021, vítima de infarto.

Para reduzir sua pena, Luiz Carlos da Rocha tem lido livros de autoajuda, especialmente os do autor Lair Ribeiro, autor de obras como *O sucesso não ocorre por acaso* e *Enriquecer: ambição de muitos, realização de poucos*. Seu abatimento na prisão é visível: os cabelos brancos retornaram com força, agora cortados muito rente ao crânio, e estão rareando, principalmente na parte superior da testa. Nas audiências judiciais por videoconferência, Cabeça Branca exibe sempre um semblante resignado.

— Eu gostaria de ter me apresentado antes à Justiça para responder aos meus processos, até porque receberia uma pena menor e poderia estar livre hoje — disse ao juiz Nivaldo Brunoni em depoimento no dia 11 de maio de 2018. — Não me apresentei porque no meio em que eu vivia começaram a surgir comentários de que, se eu fosse preso, sofreria maus-tratos e até tortura. [...] Estava cansado dessa vida de foragido. Fiquei até aliviado [com a prisão]. Acabou aquela tensão de que a qualquer momento eu poderia ser preso. [...] Eu me arrependo muito do que fiz. Agora, entrego nas mãos de Deus.

O contrabandista de café transformado no maior traficante de cocaína da história do Brasil, dono de uma multinacional das drogas, com braços logísticos e financeiros que alcançavam boa parte do globo terrestre, via-se reduzido a um número de matrícula no sistema prisional, já na casa dos 60 anos de idade, sem perspectiva de deixar a cadeia com vida.

Cabeça Branca, o fantasma, finalmente perdeu o dom de estar em todos os lugares e em nenhum, ao mesmo tempo.

Agradecimentos

Produzir um livro-reportagem sobre um tema sensível como o narco-tráfico exige um amplo e profundo trabalho de pesquisa jornalística, entrevista com diversas fontes, acesso a documentos sigilosos. Este trabalho que o leitor tem em mãos só foi possível porque conquistei a confiança de pessoas-chave na Polícia Federal brasileira e na Senad, a polícia antidrogas do Paraguai, que de bom grado me deram acesso a muita informação inédita, impossível de se obter em fontes abertas. Muitas dessas pessoas não posso nominar aqui por uma questão de segurança profissional e confidencialidade da fonte, mas creio que elas saberão se reconhecer nesta frase.

Dos que posso citar, os delegados Elvis Aparecido Secco, Roberto Biasoli, Cézar Luiz Busto de Souza, Cassius Valentin Baldelli, Osvaldo Scalezi Júnior e Roberto Precioso Júnior; os agentes Luiz Pinelli, João Gretzitz, Irineu Pesarini, Aldo Oliveira, Esdras Batista Garcia, Celso Figueiró e Welton Pedrosa Monteiro; o juiz aposentado Odilon de Oliveira; o empresário Walmir Niero e o advogado Plácido Ladércio Soares. Ao agente Tiago Rafael da Conceição, um agradecimento especial pela dedicação ao me contar em detalhes a Operação Flak. Paciência que também sobrou para Eliane Nisihara Peixoto, diretora de Secretaria da 23ª Vara Federal Criminal de Curitiba, ao me auxiliar no controle das chaves de acesso aos processos públicos da Operação Spectrum. Ao juiz Emílio Migliano Neto agradeço as valiosas dicas.

No Paraguai, Robert Acevedo, Mabel Rehnfeldt e Enrique Galeano me ajudaram a compreender os meandros da política e do crime organizado no país vizinho.

Também sou grato, mais uma vez, ao sempre corajoso e generoso Carlos Andreazza, ex-editor-executivo da Record, por apostar neste projeto desde sempre, e à competência e profissionalismo das editoras Duda Costa e Thaís Lima. Ao grande amigo Rogério Pagnan, repórter exemplar em quem me espelho há quase duas décadas, e à advogada Roselle Soglio, obrigado pelos conselhos que nortearam a produção deste livro e impediram que a obra mergulhasse em um caminho arriscado. A jornalista Marcella Ramos evitou erros nestes escritos — alguns bobos, outros nem tanto — com seu minucioso e competente trabalho de checagem das informações apuradas por mim. E minha irmã Michelle, sempre solícita, contribuiu na tradução de documentos.

Não é nada fácil conciliar a rotina e as demandas de uma redação jornalística com a produção de um livro-reportagem. Por isso, meus agradecimentos aos diretores de redação da revista *Piauí* Fernando de Barros e Silva e André Petry e aos editores José Roberto de Toledo e Fernanda da Escóssia, pelas semanas que me concederam para que eu me dedicasse exclusivamente à conclusão deste trabalho.

Por fim, sempre serei grato ao apoio da minha família e à paciência da minha mulher Simone e do meu filho Eduardo. Compreensivos, suportaram com bravura os muitos dias de ausência e trabalho intenso deste autor (inclusive em períodos de férias) por razões que só o amor explica.

Notas

Introdução

1. UNODC. Analysis of drug markets: Opiates, cocaine, cannabis, synthetic drugs. *World Drugs Report 2018*. Disponível em: <https://www.unodc.org/wdr2018/prelaunch/WDR18_Booklet_3_DRUG_MARKETS.pdf>.
2. Coordenação Geral de Prevenção e Repressão a Entorpecentes / Polícia Federal.
3. MANSO, Bruno Paes; DIAS, Camila Nunes. *A guerra: a ascensão do PCC e o mundo do crime no Brasil.* São Paulo: Todavia, 2018.
4. DIAS, Cristiano; BRIDI, Carla. "Nova geração do tráfico colombiano opera nas sombras". *O Estado de S. Paulo*, 19 jan. 2020.

1. "Eu como a cabeça dele"

1. Ação penal 5001897-58.2017.4.04.7008, 1ª Vara Federal de Paranaguá.
2. Ação penal 0000756-97.2016.8.26.0535, 4ª Vara Criminal de Guarulhos.
3. Para Operação Sem Saída, ação penal 5009562-81.2019.404.7000, 23ª Vara Federal Criminal de Curitiba.
4. No original em espanhol: "Mira señor esa ruta que hacemos nosotros no és la misma que hace otros grupos, algunos se van de carro directo a Pablo, yo todavia No, en donde llega el veterinario quedamos muy lejos de Pablo, de ahy terminamos por carretera / De donde llega el veterinario tardamos una semana más hasta Pablo.. de carretera.."
5. No original em inglês: "Hi. How are you?" / "I'm fine thank you" / "Do you have time today for a coffee?" / "I'm traveling, I'll send a friend to talk to you, if you agree, he'll take your order." / "I'm staying in hotel Renaissance. We can meet in the lobby." / "[...] What do you tell me about

208 ALLAN DE ABREU

the photograph of the woman ..?" / "She was OK, but not the best. If you got better girls I prefer that. I like blond with nice body and skin" / "Friend like that you will not find anywhere, the women I know these are the most beautiful ... you'll hardly get another one the same .."

6. Ação penal 0000031-79.2015.4.03.6109, 1ª Vara Federal de Piracicaba.
7. Diário Oficial do Estado de São Paulo, 24/10/2019, pág. 3.
8. Processo 5053655-03.2017.4.04.7000, 23ª Vara Federal Criminal de Curitiba.

2. Café com uísque

1. Ação penal 00.0013208-0, 6ª Vara Federal de Curitiba.
2. Censos do IBGE de 1960 e 1980.
3. POZZOBON, Irineu. *A epopeia do café no Paraná.* Londrina: Grafmarke, 2006.
4. DIOGO, Walter. "Contrabando de café". *O Globo,* 30 set. 1979.
5. "O país consome 600 mil caixas de uísque ilegal", *O Estado de S. Paulo,* 20/10/1981.
6. "Rei na rua". *Veja,* 30 jul. 1980. "Receita Federal devassa empresas de contrabandista de café preso no Paraná". *Jornal do Brasil,* 14 jul. 1980.
7. Ação penal 0005662-32.1981.4.03.6000, 3ª Vara Federal de Campo Grande.
8. POZZOBON, Irineu. *A epopeia do café no Paraná.* Londrina: Grafmarke, 2006.
9. MANSO, Bruno Paes; DIAS, Camila Nunes. *A guerra: a ascensão do PCC e o mundo do crime no Brasil.* São Paulo: Todavia, 2018.
10. Ações penais 88.2010158-0, 88.2013168-4 e 88.2014164-7, 2ª Vara Federal de Londrina.
11. "Polícia invade em Londrina mansão de Gilberto Yanes". *Jornal do Brasil,* 28 fev. 1985.
12. Inquérito 29.322/85, Superintendência da Polícia Federal em São Paulo.
13. Auto de prisão em flagrante 0000961-52.1986.4.03.6000, 1ª Vara Federal de Campo Grande.
14. Processo 00.0827404-5, 3ª Vara Criminal Federal de São Paulo.
15. Processo 00.1995-0, 2ª Vara Federal de Campo Grande.

3. Gato e rato

1. Ação penal 08/91, Tribunal do Júri de Londrina.
2. LOMBARDI, Renato. "A grande rota dos tóxicos em São Paulo". *O Estado de S. Paulo,* 14 jan. 1979.

CABEÇA BRANCA

3. "Vender cocaína, negócio de gente importante". *O Estado de S. Paulo*. 27 nov. 1977.

4. PINELLI, Luiz Antonio da Cruz. *Agente 114*: o caçador de bandidos. São Paulo: Geração Editorial, 2019.

5. Apelação 00093725919914058100, Tribunal Regional Federal da 5ª Região

6. Ação penal 9/1996, Vara Criminal de Cambé (PR).

7. Ações penais 0062553-22.1997.4.02.5101 e 0035155-66.1998.4.02.5101, 2ª Vara Federal Criminal do Rio de Janeiro.

8. CARRANCO, Rebeca. "El Chino y El Mago, dos viejos gángsteres en la Costa Brava". *El País*, 21 dez. 2012.

9. PINHEIRO, João. "Resgate teria participação da polícia". *Jornal do Brasil*, 23 nov. 1999.

10. Disponível em: <http://www.empresia.es/empresa/fragancia-costa-brava/>.

11. Ação penal 0035155-66.1998.4.02.5101, 2ª Vara Federal Criminal do Rio de Janeiro.

4. Reis da fronteira

1. MANSO, Bruno Paes; DIAS, Camila Nunes. *A guerra*: a ascensão do PCC e o mundo do crime no Brasil. São Paulo: Todavia, 2018.

2. Para a apreensão na fazenda São Rafael e a Operação Fronteira, processo 2003.60.02.001263-9, 3ª Vara Federal de Campo Grande.

3. ABREU, Allan de. *Cocaína — a rota caipira*: o narcotráfico no principal corredor de drogas do Brasil. Rio de Janeiro: Record, 2017.

4. Processo 2000.60.02.001592-5, 1ª Vara Federal de Dourados.

5. Ação penal 2001.60.02.001319-2, 1ª Vara Federal de Ponta Porã.

6. ABREU, Allan de. *Cocaína — a rota caipira*: o narcotráfico no principal corredor de drogas do Brasil. Rio de Janeiro: Record, 2017.

7. Ação penal 1050/2000, 1ª Vara Criminal de São Vicente.

8. "Sem paradeiro certo", reportagem divulgada pelo *Jornal da Globo* em 28 mar. 2005.

9. Ação penal 1:04-cr-00212, Corte do Distrito de Columbia (EUA).

10. Ação penal 1:04-cr-00212, Corte do Distrito de Columbia (EUA).

11. Processos 0007289-21.2015.4.03.6181 e 0008911-04.2016.4.03.6181, 5ª Vara Federal Criminal de São Paulo.

12. QUEIROZ, Aline. "Brasileiro é morto a tiros de pistola na fronteira". *Campo Grande News*, 28 mar. 2006.

13. ABREU, Allan de. *Cocaína — a rota caipira*: o narcotráfico no principal corredor de drogas do Brasil. Rio de Janeiro: Record, 2017.

5. Buchos recheados

1. Ações penais 2005.35.00.022911-4 e 2007.35.00.011437-0, 11ª Vara Federal de Goiânia.
2. Ação penal 2007.35.00.011437-0, 11ª Vara Federal de Goiânia.
3. ABREU, Allan de. *Cocaína — a rota caipira*: o narcotráfico no principal corredor de drogas do Brasil. Rio de Janeiro: Record, 2017.
4. ABREU, Allan de. "A escolinha de Tony e Juca Bala." *Piauí*, dez. 2018.
5. Ação penal 2007.35.00.011437-0, 11ª Vara Federal de Goiânia.
6. Ação penal 2007.35.00.011437-0, 11ª Vara Federal de Goiânia.
7. DIEGUEZ, Consuelo. "Glória e perdição", *Piauí*, dez. 2012.
8. ABREU, Allan de. *Cocaína — a rota caipira*: o narcotráfico no principal corredor de drogas do Brasil. Rio de Janeiro: Record, 2017.
9. Ação penal 2007.35.00011137-0, 11ª Vara Federal de Goiânia.
10. SASSINE, Vinicius. "A fuga dentro da lei". *Época*, 10 mai. 2010.
11. "Barão da droga sai em liberdade". *Correio da Manhã*, 15 jun. 2011.
12. BRANCO, Carolina. "Do sobrinho que matou a tia aos traficantes de droga. Quem são os portugueses procurados pela Interpol?". *Observador*, 10 fev. 2019.

6. Narcopolítica

1. Pet 5738/2015, Supremo Tribunal Federal.
2. Ação penal 5025695-77.2014.404.7000, 13ª Vara Federal de Curitiba.
3. Ação penal 5010374-26.2019.404.7000, 23ª Vara Federal Criminal de Curitiba.
4. Processo 46985-96.2015.811.0041, Vara Especializada em Ação Civil Pública e Ação Popular de Cuiabá.
5. Inquérito 5051175-18.2018.404.7000, 23ª Vara Federal Criminal de Curitiba.
6. Para Operação Efeito Dominó, ações penais 5028245-06.2018.404.7000 e 5029780-67.2018.404.7000, 23ª Vara Federal Criminal de Curitiba.
7. "STF arquiva investigação contra Aécio na Lava Jato". *Congresso em Foco*, 19 fev. 2016.

7. Consórcio da morte

1. "Atentado contra el senador liberal Robert Acevedo". *Última Hora*, 26 abr. 2010.

CABEÇA BRANCA

2. LEZCANO, Juan Carlos. "Quien era Magdaleno Silva?". *ABC Color*, 8 mai. 2015.
3. Inquérito 163/2017, delegacia da Polícia Federal em Londrina.
4. "Asesinan en Paraguay a un exdiputado, a su hijo y a otras dos personas". *El Comércio*, 5 mai. 2015.
5. "Atentado contra Magdaleno tiene el sello de la mafia". *Hoy*, 6 mai. 2015.
6. CENTENO, Ayrton. "Polícia faz a maior apreensão de drogas do país". *O Estado de S. Paulo*, 3 jul. 1993.
7. "Traficantes condenados". *Jornal do Brasil*, 24 nov. 1993.
8. GUTIÉRREZ, Andrés Colmán. "Narcoganadería: la historia del mafioso que fue socio de la Rural". *Última Hora*, 13 jan. 2015.
9. ABREU, Allan de. *Cocaína — a rota caipira*: o narcotráfico no principal corredor de drogas do Brasil. Rio de Janeiro: Record, 2017.
10. Apelação 0000136-77.2001.4.03.6002, TRF da 3ª Região.
11. SANCHES, Alexandre. "Traficantes foragidos são condenados". *Folha de Londrina*, 8 jun. 1999.
12. Ação penal 9621/2017, Corte Suprema de Justiça do Paraguai.
13. "Por estafa, condenan a cuatro años de cárcel a dos auditores de Tributación". *ABC Color*, 21 mai. 2008.
14. Ação penal 5010374-26.2019.4.04.7000, 23ª Vara Federal de Curitiba.
15. "Ligada a narcos en sus orígenes". *ABC Color*, 22 nov. 2017.
16. LÓPEZ, Blas. "Traban la posibilidad de transferir bienes de narco". *ABC Color*, 11 dez. 2017.
17. "Cabeza Branca y Cucho Cabaña movían bienes por US$ 120 millores". *ABC Color*, 13 dez. 2018.

8. Flak

1. COLOMBO, Sylvia. "Berta Cáceres, justiça incompleta". Disponível em: <https://www1.folha.uol.com.br/colunas/sylvia-colombo/2019/12/berta--caceres-justica-incompleta.shtml?origin=folha>. Acesso em: 26 dez. 2019.
2. "Presidente de Honduras é acusado de receber subornos milionários de traficantes de drogas". *O Globo*, 2 dez. 2019.
3. "Nos EUA, sobrinhos de Maduro são condenados a 18 anos por narcotráfico". *O Globo*, 14 dez. 2017.
4. No original, em espanhol:
   "Señor si me explica q proyecto es yo si quiere lo saco adelante pero tendría q saber de q es??"
   "Seria un personal que tiene barco saliendo de Equador, llega en Italia se lanza en determinado punto en el mar, ese mi amigo recoje con otro barco.."

212 ALLAN DE ABREU

5. No original, em espanhol: "Dice Figo q listo q el tratar de tenerle el dinero con magro / Q agradece mucho como está voce ayudando-nos / Me dice Figo q magro te entrega 100 / Q ya estamos organizando para pagar-te el saldo"
6. Ação penal 0000191-46.2006.4.01.3500 , 5ª Vara Federal de Goiânia.
7. ALTING, Robert. "Surinarcos: hoe drugsbaas Bouterse van Suriname een narcostaat maakt". *Nieuwe Revu*. 31 ago. 2018.
8. FARAH, Douglas; BABINEAU, Kathryn. "Surinam: The new paradigm of a criminalized state." *Global Dispatch*. Março de 2017.
9. Inquérito 1274-39.2017.4.01.4300, 4ª Vara Federal de Palmas.

9. Capitão Ahab

1. Disponível em: <https://www.ibge.gov.br/cidades-e-estados/pr/londrina. html>. Acesso em: 18 dez. 2019.
2. POZZOBON, Irineu. *A epopeia do café no Paraná*. Londrina: Grafmarke, 2006.
3. Para Operação Ferrari, ação penal 5029338-09.2015.4.01.7000, 14ª Vara Federal Criminal de Curitiba.
4. Apelação criminal 0000058-86.2015.4.03.6004, Tribunal Regional Federal da 3ª Região.
5. Apelação criminal 0000173-10.2015.4.03.6004, Tribunal Regional Federal da 3ª Região.
6. Ação penal 5013357-97.2016.4.04.7001, 5ª Vara Federal de Londrina.
7. Ação penal 5018536-12.2016.4.04.7001, 5ª Vara Federal de Londrina.

10. Duas fotos na parede

1. Ação penal 5010374-26.2019.404.7000, 23ª Vara Federal Criminal de Curitiba.
2. Idem.
3. Ações penais 50539521020174047000 e 50557137620174047000, 23ª Vara Federal Criminal de Curitiba.
4. Ação penal 5028245-06.2018.404.7000, 23ª Vara Federal Criminal de Curitiba.

Epílogo: Atrás das grades

1. Ação penal 5050401-85.2018.404.7000, 23ª Vara Federal Criminal de Curitiba.
2. Ações penais 5049871-18.2017.404.7000, 5053952-10.2017.404.7000, 5055713-76.2017.404.7000, 5009562-81.2019.404.7000, 5028245-06.2018.404.7000, 5029780-67.2018.404.7000, 23ª Vara Federal Criminal de Curitiba.

Bibliografia

ABREU, Allan de. *Cocaína — a rota caipira*: o narcotráfico no principal corredor de drogas do Brasil. Rio de Janeiro: Record, 2017.

CENTURY, Douglas; HOGAN, Andrew. *Em busca de El Chapo*: a história de perseguição e captura do traficante mais procurado do mundo. Rio de Janeiro: Harper Collins, 2018.

DEPARTAMENTO DE POLÍCIA FEDERAL / SUPERINTENDÊNCIA REGIONAL EM MATO GROSSO DO SUL. *37 anos de história*. Campo Grande, [s.n.], 2002.

GLENNY, Misha. *McMáfia*: crime sem fronteiras. São Paulo: Companhia das Letras, 2008.

_____. *O dono do morro*: um homem e a batalha pelo Rio. São Paulo: Companhia das Letras, 2016.

MANSO, Bruno Paes; DIAS, Camila Nunes. *A guerra*: a ascensão do PCC e o mundo do crime no Brasil. São Paulo: Todavia, 2018.

MELVILLE, Herman. *Moby Dick*. São Paulo: Publifolha, 1998.

PINELLI, Luiz Antonio da Cruz. *Agente 114*: o caçador de bandidos. São Paulo: Geração Editorial, 2019.

POZZOBON, Irineu. *A epopeia do café no Paraná*. Londrina: Grafmarke, 2006.

SALAZAR, Alonso. *Pablo Escobar*, ascensão e queda do grande traficante de drogas. São Paulo: Planeta, 2014.

SAVIANO, Roberto. *Zero zero zero*. São Paulo: Companhia das Letras, 2014.

UNITED NATIONS OFFICE ON DRUGS AND CRIME. *World drug report 2018*. Viena: [s.n.], 2018.

Índice

Abusado, de Caco Barcellos (livro), 13
Adenir Pereira da Silva, 51
Adib Kadri, 164
Aécio Neves, 116-117, 125, 210
aeroportos: Campo de Marte, 81, 83; de
   Americana, 31; de Arapiraca, 74;
   de Congonhas, 104-106, 121; de
   Cornélio Procópio, 69; de Guarulhos,
   28, 30, 91, 131, 181-182, 188; de
   Londrina, 46, 48, 164; de Marília, 82;
   de Ponta Porã, 83; de Porecatu, 46; de
   Rosário do Sul, 68; de Santo Antônio
   do Leverger, 158; de Sinop, 185; de
   Viracopos, 165; Galeão, 65-66, 70, 99
Agapito Machado, 62
Agroganadera Santa Edwiges, 135
Agropecuária Rocha, 46
Alberto Youssef, 15, 22, 115-117
Aleks Zykaj, 36
Alessandro Rogério de Aguiar ("Ursi-
   nho"), 26-28, 30, 32, 119, 186-187
Alexander da Rocha Leite, 137
Alexandre Teodoro de Souza ("China"),
   163-164, 166-169
Alexsandro Cabral de Carvalho, 181-182,
   188
Alfredo Stroessner, 42-43, 51
Alsimio Casco Ayala ("Toti Casco"), 129
Amigos dos Amigos (ADA), ver facção
   criminosa
André Nabarrete Neto, 50
Antonio Aparecido da Silva ("Cidão"),
   88, 93

Antônio Bonfim Lopes, ver Nem da
   Rocinha
Antonio Carlos Miranda, 115-116
Antônio dos Santos Dâmaso ("Toto"), 88,
   97-100, 104, 106-110, 113-114
Antônio Mota Graça ("Curica"), 98
Antonio Tallavera Romero, 39-40, 49
Arimar Transportes e Madeiras, 28
Arnaldo Moreira de Macedo, 133
Aroldo Medeiros ("Zan" ou "Zangado"),
   153-154, 159
Artur Bernardes, 162
Asdrúbal Bentes, 148
associação criminosa, 30, 37
associação para o tráfico de drogas, 30,
   43, 196
Associação Rural do Paraguai, 133
aviões: Baron, 48, 83, 151; Baron (PT-
   -WFO), 82-83; Beechcraft, 80, 151;
   Beechcraft Baron 58 (PR-NIB), 150;
   Beechcraft Baron 58 (PT-WSA), 80;
   Beechcraft King Air, 154; Carajá, 83;
   Cessna, 84-86, 146-147, 157-158;
   Cessna (PR-TAL), 146; Cessna 210,
   31, 151-153, 156-157; Cessna 210
   (IO-550), 152; Cessna 210 (PP-IAP),
   157; Cessna 210 (PR-LVY), 158;
   Cessna 210 (PT-LNU), 157; Cessna
   210 (PT-OUK), 84, 86; Comp Air 10
   (PP-XLE), 134, 146; King Air, 154;
   Navajo, 191; Navajo (PT-IDQ), 153;
   Piper, 46; Piper Navajo, 147; Piper
   Seneca, 149; Seneca, 68-69

Bailarino (cliente de Cabeça Branca), 32-33

Banestado, 102, 115

BBB (Bom, Bonito e Barato), posto de combustível, 165

Bert Koedam, 35

Beto, ver Carlos Roberto da Rocha

bill of lading (BL), 25, 27

Bira (amigo de Marcos Paulo da Silva Rocha), 112-113

BlackBerry Messenger (BBM), 90, 145, 150

"Boi Branco" (escritório de Cabeça Branca em Pedro Juan), 76

Bolsonaro, 16

Brian Blue Adans, ver Magro

Brisa Comexin S.A., 135-136

Bruno César Payão Rocha, 46, 53, 57, 75, 135-138, 181-182, 199

Bruno Pires Manso, 13

Bumerán Chávez, de Emili Blasco (livro), 149

Caco Barcellos, 13

Café Set, 53

Câmara de Vereadores, 56, 83

Câmara dos Deputados, 83

Camila Nunes Dias, 13

Canadá Country Club, 46

Carlos Alexandre de Souza Rocha, ver Ceará

Carlos Rafael Cavalheiro de Lima, 199

Carlos Roberto da Rocha ("Beto", "Fernet" ou "Tob"), 39, 99, 104-108, 110-111, 113, 140-141, 180, 190, 200

Carlos Roberto da Silva ("Magrão" ou "MG"), 94, 137-138

Carlos Rubén Sánchez Garcete, 133-134

cartéis: cartel de Beltrán Leyva, 146; cartel de Cali, 21-22, 98; cartel de Medellín, 21, 47, 59, 61-62; cartel de Sinaloa, 146; Suri Cartel, 155

Ceará (Carlos Alexandre de Souza Rocha), 115-117, 121-125, 141

Centro Integrado de Operações Aéreas (Ciopaer), 158

Cézar Luiz Busto de Souza, 178, 205

Charles Amuzie Orji, 90-92

Chico Buarque, 102

China Motocar, 163

Chino (cliente de Cabeça Branca), 33

Cidade de Deus, de Paulo Lins (livro) e Fernando Meirelles (filme), 13

Citrosuco, 36-37

Clark Setton ("Kiko"), 102

Claudinei de Jesus ("Nei"), 170-173, 177-178

Cláudio Fernando Barboza de Souza ("Tony"), 102

Cláudio Nepomuceno, 88

Clave de Sol, 105

Cocaína: a rota caipira, de Allan de Abreu (livro), 13, 22

cocaína: apreensão de, 35-38, 61, 66, 78, 83-84, 86-87, 91, 104, 108, 133, 157, 161, 172-173, 175, 180-181, 185, 187, 202; armazenamento de, 28, 103; contraban-do de, 14-15; exporta-ção de, 26, 32, 62, 65, 95, 100, 105, 107-108, 119, 133-134, 140, 161, 187; tráfico de, 22, 51, 75-76, 97, 110, 117, 133, 146, 153, 156, 161, 164, 174, 203; transporte de, 14, 20-21, 26, 31, 48, 59-61, 64, 134, 146, 149, 151, 154, 157, 170-171, 173-175, 191; compra/venda/comércio de, 12-14, 22, 69, 82, 90, 98, 107, 119, 175, 177, 190;

Comando Vermelho (CV), ver facção criminosa

Companhia de Terras do Norte do Paraná, 162

concussão, 40

Conselho de Controle de Atividades Financeiras (Coaf), 101, 120

Conselho Nacional de Justiça, 93

Consórcio Internacional de Jornalistas Investigativos (ICIJ), 69

CABEÇA BRANCA

Coordenação-Geral de Polícia de Repressão a Drogas, Armas e Facções Crimi-nosas (CGPRE), 153, 178, 201
Counter Terrorism Intelligence Unit (CTIU), 155, 157
Covid-19, 16
CPI do Narcotráfico, 83
crime organizado, 14, 20, 22, 38, 94, 205

Dalila (esposa de Jeferson Santini), 173
Daniel Henrique Marques, 187, 192-193, 196
Daniel Holzmann Coimbra, 194
Dario Messer, 100, 102
Daruma S.A., 137
Daruma Sam S.A., 137
Delegacia de Controle de Segurança Privada, 140
Delegacia de Repressão a Entorpecentes da Polícia Civil (DRE), 66, 150, 153, 158
DEM (Democratas), 119, 124
Departamento de Recuperação de Ativos e Cooperação Jurídica Internacional, 202
Departamento Estadual de Trânsito (Detran), 124, 184
Dési Bouterse, 14, 155, 158
Desiré Delano Bouterse, ver Dési Bouterse
Diego Ian Marques, 187, 190-192, 196
Dilma, 116
Dino (filho de Dési Bouterse), 155
Diosmede Aguilera, 136, 138
Disney, 60
Douglas Sedivalter Marques ("Tartaruga" ou "Tarta"), 187-192, 196-197
dr. Admilson, 29
Drugs Enforcement Administration (DEA), 59-60, 62, 66, 89-90, 131-132, 146, 149, 154-156, 201

Eco Car SARL, 114
Eder Adriano Banzatti, 163-165, 168-169

Edinaldo Souza Santos, 146
Edson Almeida Karpinski, 60-61
Edson de Jesus Deliberador, 56
Edson Luiz Borrago, 174-176
Eduardo Charbel, 79, 80-81, 83, 94
Eduardo Fernando de Oliveira Moleirinho ("Moleirinho"), 136, 138
Edwin Samuel Montagu, 162
Elis Regina, 57
Elite da Tropa, de Luiz Eduardo Soares (livro), 13
Elton da Silva Jacques, 60
Elton Leonel Rumich ("Galã"), 94
Elvis Aparecido Secco, 19, 125, 162-163, 166, 173, 178-180, 183-185, 193-195, 197, 201, 205
Elvis Presley, 43
Embraer, 83
Emili Blasco, 149
Enrique Ramón Galeano, 129-131, 205
Enriquecer: ambição de muitos, realização de poucos, de Lair Ribeiro (livro), 203
Eric Jean Claude Hachimi, 67, 70-71
Erineu Soligo ("Pingo"), 75, 87, 93, 132-133
Escritório das Nações Unidas sobre Drogas e Crime (UNODC), 20
Estância Suíça, ver fazendas
Eudes Tarciso de Aguiar, 26, 119-120
Evandro (irmão de João Rocha), 158
Everaldo Monteiro, 75, 205

Fábio Marot Kair, 112-113
Fábio Ricardo Mendes Figueiredo, 199
facção criminosa: Amigos dos Amigos (ADA), 11; Comando Vermelho (CV), 11-12, 14, 21, 33-34, 94, 171; Primeiro Comando da Capital (PCC), 11, 12-13, 21, 33-34, 94, 128, 163, 165-166, 171, 176; Terceiro Comando Puro (TCP), 11-12
Facebook, 28, 172, 175, 182

Fahd Jamil Georges ("El Padrino"), 42-43, 73-74, 132, 137
Fama Serviços Administrativos Ltda, 124
Faustino Pinto Payão, 46
Faustino Villaalta Ferreira, 132
Fausto Jorge, 83
Favelas, 12-14, 57
fazendas: Bigo Rill, 84; Bonsucesso, 84-86; da família Aguilar, 51; de Antônio Dâmaso, 114; de Arnaldo Moreira de Macedo, 133; de João Morel, 62; de Palermo em Rosário Oeste (MT), 48; de Rafaat, 76; em Bela Vista (MS), 58; de Sebastião Spencer, 47; em Mato Grosso do Sul, 58; em Mato Grosso, 26, 32, 58, 63, 85, 118, 143; em Salto (Uruguai), 134; em São Félix do Xingu, 148; em São Paulo, 58; em Vera (MT), 62, Estância Suiça em Yby Yaú (Paraguai), 67, 69, 84, 89, 129; Estância Virgem Serrana, 133; Liberdade, 88; na Chapada dos Guimarães (MT), 46; no Paraguai, 87, 94, 135; no Paraná, 58; no Triân-gulo Mineiro, 58; Pôr do Sol, 118; Quinta da Bicuda, 99; Santa Maria (Tapu-rah, MT), 79; São Rafael (Ponta Porã), 77; Tuparendá no Chaco (Paraguai), 137-138;
Felipe Ramón Esquivel ("Mitu"), 131
Félix Antonio García González, 132
Fernanda Benedito da Silva ("Fer"), 142-143, 186, 194, 206
Fernandinho Beira-Mar (Luiz Fernando da Costa), 14, 71, 148-149
Fernando Meirelles, 13
Fernet, ver Carlos Roberto da Rocha
Ferrari (posto de combustível), 163, 169
Fisco, 120
flagrante, 19, 29-31, 35, 37, 40, 43, 49-50, 55, 61, 64, 66, 70, 75-76, 79, 83, 88, 90, 134-135, 149, 153-154, 156-157, 165, 171-173, 175-176, 181, 188, 197
Força Aérea Brasileira (FAB), 158

Força Aérea da Colômbia, 154
Força Especial de Luta contra o Narcotráfico (Felcn), 177
Forças Armadas Revolucionárias da Colômbia (Farc), 80, 93, 149, 155
Fórum da Justiça Federal de Campo Grande (MS), 92
Fórum da Justiça Federal de Ponta Porã (MS), 93
Fórum de Londrina, 56
Francesco de Cesare, 65
Francisco José Lopes, 67
Frango Assado (rede), 175
Fúlvio Mecca, 29

Gabriel Barioni de Alcântara e Silva, 199-200
Gandi Jamil, 73
Geovani Martins, 13
Geraldo Bernardo da Rocha, 51, 88, 111, 119 ("Neguinho")
Gerson Palermo, 48
Giamex, 133
Gilberto Yanes Cruz, 47, 49, 54
Graceland, 43
Grupo de Atuação Especial de Repressão ao Crime Organizado (Gaeco), 124
Grupo de Investigações Sensíveis (Gise), 161-162, 170
Guarda Civil espanhola, 67
Guilherme Afif Domingos, 56
Gustavo Durán Bautista, 26, 133
Gustavo Pontes Mazzocchi, 71
Guyana Police Force, 154

habeas corpus, 40, 90, 125
Hamilton Brandão Lima, 118, 120
Harti Lang, 157
Héctor Beltrán Leyva, 146
Herik (irmão de Douglas Marques), 187, 196
Herman Melville, 178

CABEÇA BRANCA

Hezbollah, 155
Hospital dos Servidores, 70
Hospital Evangélico, 55
HSBC, 69
Hugo Chávez, 149

Idelício Gomes Novais ("Kojak"), 48, 58-59
Igor Fabrício Silveira Machado, 132
Imposto de Renda, 136, 163
Insight Crime (ONG), 146
Instituto Biodiversidade, 120
Instituto Brasileiro de Geografia e Estatística (IBGE), 162
Instituto Brasileiro do Café (IBC), 49
Instituto Brasileiro do Meio Ambiente e dos Recursos Naturais Renováveis (Ibama), 119
Instituto Nacional de Colonização e Reforma Agrária (Incra), 99, 114, 148
Instituto Nacional de Criminalística (INC), 184
Interpol, 114
Iridium, 59
irmãos Jaber (Hussein, Mohamad e Jamal), 34
irmãos Orejuela, 22
Ismael Antonio Tineo Cristo, 35-36
Itamaraty, 23
Ivan Carlos Mendes Mesquita ("don Carlos"), 51, 79-80, 88-93, 133

Janderson Camões de Carvalho Yassaka, 56
Jarvis Gimenes Pavão, 75, 93-94, 127, 132-133
Jeferson Santini, 171, 173
Jesus Humberto Garcia, 81
João Carlos Morel, 58, 60-62
João dos Remédios Azevedo, 146-147
João Gilberto, 102
João Gretzitz, 59, 62, 205

João Moreira Salles, 13
João Soares Rocha ("Bigode"), 31, 145-159, 153, 191
Joaquín "El Chapo" Guzmán, 146
Jorge Manoel Rosa Monteiro, 66, 100, 110, 114, 141
"Jorge Manuel", ver Jorge Manoel Rosa Monteiro
Jorge Monteiro, ver Jorge Manoel Rosa Monteiro
Jorge Rafaat Toumani, 74-85, 88, 94-95, 133
José Amâncio da Silva, 171, 178
José Antônio de Palinhos Jorge Pereira Cohen, 97, 100-103, 107-110, 113-114
José Carlos da Rocha, 51
José Carlos da Silva, 80-82, 84-87, 137
José Joaquim Souza Filho, 124
José Manuel da Silva Viegas Duarte ("Grego"), 66-67
José María Corredor Ibagué ("Boyaco"), 80
José Morandi ("Comandante Vermelho"), 134-135
José Ribeiro Vianna, 60-62
José Riva, 124
José Roosevelt Rendon Robayo, 59-60
José Sedivalter, 187, 196
Josean Severo de Araújo, 153, 158
Juan António "Tony" Hernández, 146
Juan Orlando Hernández, 146
Júlio César Vieira, 120
Junta Comercial do Rio, 69
Jurandyr Reis Júnior, 56
Kadri (clã paraguaio), 164, 169

La Catedral (presídio-mansão de Pablo Escobar), 59
Lair Ribeiro, 203
Lava Jato, 15, 22, 114, 116-117, 161, 185
lavagem de dinheiro, 30, 43, 65, 78, 83, 93-94, 103, 113-114, 116-117, 120-

121, 125, 134, 138, 161-162, 169, 196, 202-203,

Lázaro Moreira da Silva, 77

Leandro (funcionário de Magnus), 177

Leila Luzia Payão, 46, 53

Leonardo Dias Mendonça, 13-14, 148, 155

Lidia Cayola Mosquera, 170-175, 177-178, 180

Lino Oviedo, 43

Luciane Bezerra,124

Lucimara Fernandes da Silva, 75, 87, 89, 93

Luis Alberto Rojas, 89, 131-132

Luis María Argaña, 74

Luiz Carlos da Rocha (Cabeça Branca): apelidos: O Fantasma, 14; Luizinho, 23, 44; Rochinha, 23, 44-45; Loirinho, 105; Roque, 117; Figo, 150-151; nome fal por Vitor Luis de Moraes, 18, 118, 139, 142, 179, 184, 186, 193

Luiz Cravo Dórea, 66

Luiz Eduardo Soares, 13

Luiz Fernando da Costa, ver Fernandinho Beira-Mar

Luiz Henrique Guimarães, ver Luiz Carlos da Rocha (Cabeça Branca)

Luiz Pinelli, 60-61, 80, 205

Luiza Pigozzo Rocha, 118

Lula, 185

Maconha, 12, 15, 44, 68, 73-74, 91

Madonna, 102

Magdaleno Silva, 128-129, 131-132

Magnus Kelly Alves Garcia, 170, 173-178

Magrão (ou MG), ver Carlos Roberto da Silva

Magro (traficante) , 151, 156

Manoel Divino de Morais, 106

Manoel Fernandes da Silva, 163

Manollo, ver Jorge Manoel Rosa Monteiro

Marcelo Gregolin Anacleto ("Garotão"), 25, 27-30, 187

Márcia Cristina Pigozzo, 57, 68

Marcinho VP, 13

Marcos Duarte, 174-175, 177

Marcos Luiz Pinto ("Mikako" ou "De Óculos"), 26-28, 30

Marcos Paulo da Silva Rocha, 112

Maria Aparecida da Rocha Araújo (irmã de Cabeça Branca), 183

Maria Aparecida Dias, 59, 66, 68

Maria Inês (então esposa de José Manuel da Silva Viegas Duarte), 68-69

Marilza, ou Mary (irmã de Cabeça Branca), 142

Mauro Rolim de Moura, 168-169

Mauro Savi, 124

MDB (Movimento Democrático Brasileiro), 34

mídia: Al Jazeera, 201; BBC, 201; El País, 201; Le Monde, 201; Jornal do Brasil, 43; Jornal Nacional, 39; O Globo, 11; The Independent, 201; The Sun, 201; TV Globo, 101; Veja, 43

Ministério da Fazenda paraguaio, 136

Ministério da Justiça, 159, 202

Ministério Público Estadual, 56

Ministério Público Federal (MPF), 37, 50, 67, 70, 80, 103, 141, 169, 194, 200

Misilvan Chavier dos Santos ("Parceirinho"), 151

MKAG (transportadora), 170, 173

MMA, 162

Moby Dick, de Herman Melville (livro), 178

Mordko Izaak Messer, 100

Narcotics Intelligence Unit (NIU), 155-156

Nasser Kadri, 164

'Ndrangheta (máfia italiana), 14, 22, 34, 38, 82

Neide, ou Neusinha (irmã de Cabeça Branca), 142

Nélio Alves de Oliveira, 83-86, 89, 94

Nelma Kodama, 117

CABEÇA BRANCA 221

Nem da Rocinha, 14
Nicanor Duarte Frutos, 128-129
Nicolás Maduro, 149
Nikko (fornecedor colombiano), 32, 150
Nivaldo Brunoni, 37, 185, 194, 203
Nossa Senhora Aparecida, 41
Nossa Senhora de Fátima, 41
Notícias de uma guerra particular, de João
Moreira Salles (documentário), 13

O dono do morro, de Misha Glenny
(livro), 14
O sol na cabeça, de Geovani Martins
(livro), 13
O sucesso não ocorre por acaso, de Lair
Ribeiro (livro), 203
Obaldo (cunhado de Lidia Cayola Mos-
quera), 170
Odete Guglielmo Gastaldi, 100-101
Odilon de Oliveira, 87-89, 92-94, 127, 205
Ômega Comércio Exterior, 69-70
Operações da Polícia Federal: Operação
Águas Profundas, 59; Operação
Beirute, 34; Operação Caravelas, 110-
112, 139-141, 203; Operação Condor,
48; Ope-ração Conexão Portuguesa,
67, 69-70; Operação Deserto, 161;
Operação Di-amante, 155; Operação
Eccentric, 47-48, 53; Operação Efeito
Dominó, 125, 202; Operação Farol da
Colina, 102; Operação Ferrari, 163,
166, 169, 178; Operação Flak, 153-
154, 159, 205; Operação Flashback,
26; Operação Fron-teira, 79-80, 88,
93-94, 109, 137, 139, 203; Operação
Lava Jato, 15, 22, 103, 114, 116-117,
125, 161, 185; Operação Mosaico, 92;
Operação Niva, 161; Operação Quijarro, 171, 177-179; Operação Sem
Saída, 30, 202; Operação Semilla, 161;
Operação Spectrum, 30, 34, 37, 117,
125, 135-136, 138-141, 178, 180-181,
194, 199-202, 205; Operação Tifeu,
37; Operação Veraneio, 146

organização criminosa: formação de, 79,
159, 196, 202
Organização da Sociedade Civil de Interesse Público (Oscip), 120
Óscar Cáceres, 131

Pablo Escobar, 18, 22, 32, 44, 47, 59, 129
Partido Colorado, 128-129, 132
Partido Liberal, 56
Patagônia Comercial Importadora e Ex-
portadora, 34-35, 37
Patrícia Melo, 13
Paulo Bernardo da Rocha ("Paulão"), 39-
46, 49-50, 52-53
Paulo Lins, 13
Pedro Araújo Mendes Lima, 119
Pedro Pablo Quevedo Medina ("Peter"),
127-128
Petrobras, 115
Plácido Ladércio Soares, 53, 205
Policafé, 46
Polícia Civil, 29, 56-57, 166, 177, 181
Polícia Federal (PF): Superintendência
da PF, 61, 69, 99, 112, 134, 140, 161,
202; bases da Polícia Federal: Cuiabá,
60-61; Montagu, 162, 164-166, 169-
172, 175, 178-180, 182-187, 190, 193,
201-202; Paiaguás, 75
Polícia Militar (PM), 51, 159, 168-170
Polícia Nacional, 129
Polícia Rodoviária Federal, 172, 182
portos: Antuérpia (Bélgica), 37; Conacri
(Guiné), 91; Concepción (Paraguai),
131; Ghent (Bélgica), 35; Gioia Tauro
(Itália), 38; Itajaí (SC), 26, 38; Las
Palmas (Ilhas Canárias), 38; Le Havre
(França), 25; Mucuripe (Fortaleza),
62; Para-naguá (PR), 25-26, 119; Navegantes (SC), 26, 38; Rio de Janeiro
(RJ), 26, 88, 97; Santos (SP), 15, 20,
26, 51, 58, 91, 161, 170
presídios federais: Brasília, 202; Catanduvas (PR), 202; Mossoró (RN), 23, 202

Primeiro Comando da Capital (PCC), ver
   facção criminosa
PSB (Partido Socialista Brasileiro), 124
PSD (Partido Social Democrático), 124
PSDB (Partido da Social Democracia
   Brasileira), 124, 151
PUC (Pontifícia Universidade Católica) de
   Londrina, 199

Rafael Antonio Lopes Carvalho ("French"), 90-92
Rafael Pigozzo Rocha, 57, 68, 136, 138,
   181-182, 186, 199-200
Raimundo Prado Silva ("Trigueiro"), 154,
   156, 159
Ramchender Oedit, 158
Ramid, ver Wilson Ramid Roncaratti
Ramiro Condori Aguilar, 170, 178
Ramunsky, 140
Raymond Mihière ("Chinês"), 67
Receita Federal, 20, 23, 101, 120, 136, 163,
   165, 173, 180, 182
Renaissance (hotel), 33
Robert Acevedo, 127-128, 205
Roberto (cunhado de Lidia Cayola Mosquera), 170
Roberto Biasoli, 125, 202
Roberto de Araújo, 108
Roberto Gurgel de Oliveira, 50
Robson Cerqueira, 66, 69
Robson de Oliveira Silva, 28, 188
Rocco Morabito, 82
Rocine Galdino de Souza, 103-110, 113
Rodolfo Kronemberg Hartmann, 70
Rodrigo Carvalho, 153, 156, 158-159
Rolex, 195
Ronald Roland ("Xuxa"), 145-146, 157,
   159
Ronaldo Magalhães Botelho Martins, 110
Ruben Dario Lizcano Mogollon, 150, 152
Rubens Bernardo da Rocha, 137
Rui Carlos de Carvalho, 181
Rússia Unida (partido russo), 35

Samuel Reis, 110
Santiago Perez, 150
Šarić (clã sérvio), 161
Sebastião (irmão de Cabeça Branca), 49,
   59
Sebastião Spencer, 47, 49
Secretaria de Segurança Pública, 158
Secretaria Nacional Antidrogas (Senad),
   89, 131
Segunda Guerra Mundial, 153
segurança pública, 12 ,56, 168
Sergio Moro, 185
Sérgio Spacini, 39-40
Sheraton (hotel), 97, 109
Shoppings: Butantã, 192; Iguatemi, 186; JK
   Iguatemi, 28; VillaLobos, 123
Silval Barbosa, 120
Silvestre Granato, 61-62
Silvino Casco, 129
Silvio Lopes da Rocha, 35
Simon Joseph Fraser (lorde Lovat), 162
Sistema Integrado Nacional de Identificação de Veículos em Movimento
   (Sini-vem), 182-183
Solidariedade, 147
Sting, 102
Stroyka International, 35
Supremo Tribunal Federal (STF), ver
   Tribunais
Suri Cartel, ver cartéis
Swiss Leaks, 69

Tasis American School, 117
Terceiro Comando Puro (TCP), ver facção
   criminosa
Terezinha Marques da Rocha, 39, 41, 52,
   59, 87, 142
Tiago Rafael da Conceição, 150, 153, 156
Tiro de Guerra, de Londrina, 44-45
Tob, ver Carlos Roberto da Rocha
tráfico internacional de drogas, 32, 34,
   37, 43, 49, 51, 59, 62, 66, 70-71, 73,
   75-76, 78-79, 90, 92-94, 97, 100, 110,

113-114, 117, 127, 129, 133, 139-140, 143, 151, 156, 159, 161, 164, 169, 174, 176, 178, 202

Tranquilândia, 47

Transcontinental, 98

Tribunais: Suprema Corte paraguaia, 90; tribunal de Nova York, 149; Tribunal de Justiça, 56; Tribunal do Júri de Londrina, 57; Tribunal Regional Federal (TRF) da 1ª Região, 114; Tribunal Regional Federal (TRF) da 4ª Região, 40; Tribunal Regional Federal (TRF) da 5ª Região, 62

UTC Engenharia, 115-117, 125

Valdeci Vieira da Costa, 165, 169

Valérie (esposa de Raymond Mihière), 67

Vandeir da Silva Domingos ("Bigode"), 85-88, 94

Varig, 66

Vexpress, 163

Vicente Rijo (colégio), 45

Vilmar Alves de Oliveira, 147

Virgilio Cayuela Avilez, 67, 70-71

Vladimir Putin, 35

Waldomiro Pontes, 39-40

Waleed Issa Khmayis, 82

Wanderson de Paula de Lima ("Andinho"), 165

West Ham, 196

WhatsApp, 25, 28, 33, 119, 125, 140, 172, 196, 200

William Miguel Herrera Garcia, 81

Willy Norman Schaffer Buitrago, 154

Wilson Ramid Roncaratti (filho de Wilson Roncaratti), 182

Wilson Roncaratti ("Bichão"), 32-33, 118, 121, 122, 124, 136, 138, 141-143, 152, 159, 182, 184-187, 192-193, 195, 197, 200, 203

Winston Lucena Ramalho, 60-62

Yüksel Nurettin, 35-36

Este livro foi composto na tipografia Palatino LT Std,
em corpo 11/16, e impresso em
papel off-white no Sistema Digital Instant Duplex da
Divisão Gráfica da Distribuidora Record.